KB117699

혐오사회

지은이 **카롤린 엠케**Carolin Emcke

독일의 저널리스트, 작가. 프랑크푸르트대학교와 런던대학교, 하버드대학교에서 역사와 정치, 철학을 공부했다. 1998년부터 2013년까지 전 세계 분쟁지역을 다니며 저널리스트로 활약했고, 2003년부터 2004년까지 예일대학교에서 정치이론을 강의했다. 현재 독일에서 가장 눈에 띄는 지식인이라는 평가를 받으며 활발히 활동 중이다. 여성이자 성소수자로서 전쟁과 사회적 폭력, 혐오 문제의 구조를 파헤치고 피해자들의 목소리를 드러내는 데 주력하고 있다.

엠케는 냉철한 분석과 따뜻한 공감의 글쓰기로 사회적 약자가 느끼는 구조적 폭력의 결을 예민하게 감지해낸다는 평가를 받는다. 2016년에는 "우리 사회가 본받아야 할 사회적 실천에 앞장서고 있는 롤모델"이라는 호평을 받으며 독일출판협회 평화상을 수상했다. 저서로 『혐오사회』, 『우리는 어떻게 갈망하는가Wie wir begehren』, 『전쟁에 관하여─친구들에게 보내는 편지 Von den Kriegen: Briefe an Freunde』, 『그것은 말할 수 있는 것이므로─증언과 정의에 관하여Weil es sagbar ist: Über Zeugenschaft und Gerechtigkeit』 등이 있다.

옮긴이 **정지인**

영어와 독일어로 된 책을 우리말로 옮기는 일을 하고 있다. 옮긴 책으로 『트라우마는 어떻게 유전되는가』, 『사물의 언어』, 『무신론자의 시대』, 『무엇이 삶을 예술로 만드는가』, 『여성의 우정에 관하여』, 『르네상스의 마지막 날들』, 『군인은 축음기를 어떻게 수리하는가』, 『멀어도 얼어도 비틀거려도』, 『죽기 전에 꼭 봐야할 영화 1001』 등이 있다.

GEGEN DEN HASS by Carolin Emcke
© S. Fischer Verlag, Frankfurt am Main, 2016
Korean Translation ©2017 by Dasan Books Co., Ltd.
All rights reserved.
The Korean language edition published by arrangement with
S. Fischer Verlag GmbH through MOMO Agency, Seoul.

증오는 어떻게 전염되고 확산되는가

혐오사회

Gegen Den Hass
Carolin Emcke

카롤린 엠케 지음 | 정지인 옮김

다산지식하우스

마르틴 자르Martin Saar를 위하여

"모든 정의는 말言과 함께 시작되지만,
모든 말이 정의로운 것은 아니다."

자크 데리다 Jacques Derrida

"정확히 관찰한다는 것은
낱낱이 해부한다는 것이다."

헤르타 밀러 Herta Müller

일러두기

1. 본문의 고딕체는 원서에서 이탤릭체로 강조한 것이다.
2. 책 제목은 겹낫표(『 』), 편명, 논문, 보고서는 홑낫표(「 」), 신문, 잡지는 겹꺾쇠(《 》), 시, 영화, 연설, TV 프로그램, 정당 이름은 꺾쇠(〈 〉)를 써서 묶었다.
3. 본문 하단 각주는 옮긴이 주, 본문의 주와 본문 괄호 안에 있는 설명은 원 저자 주이다.
4. 본문에 나오는 단행본이 국내에서 출간된 경우 국역본 제목으로 표기하였다.

목차

혐오의 시대를 종횡무진하는
날카로운 시대진단

혐오는 원인이 아니라 결과다

전 세계 분쟁지역을 취재해온 저널리스트 카롤린 엠케Carolin Emcke는 이 책에서 오늘날 흘러넘치는 혐오와 증오, 그리고 차별이 왜 모두의 삶을 위협하는 문제인지를 설득력 있게 해명하고 있다. 주로 유럽 상황을 다루고 있으나, 읽는 내내 한국사회를 대입해 연상하지 않을 수 없을 정도로 그 문제의식은 치열하게 동시대적이다.

사실 한국에서 혐오라는 단어가 중요한 표제어가 된 지는 그리 오래되지 않았다. 흔히 '여성혐오'라고 일컬어지는 '미소지니misogyny'는 예전에는 대중에게 잘 알려진 말이 아니었지만, 2016년 강남역 살인사건 이후에는 누구나 한 번쯤 들어봤거나 사용하는 말이 되었다. 과거에는 혐오가 존재하지 않았다는 말이 아니다. 단지 최근 몇 년 사이 이 문제가 폭발하듯 가시화되었다는 뜻이다. '일베(일간베스트저장소)'로 표상되는 이른바 '넷우익 현상' 역시 일베가 생기기 한참 전부터 이미 존재하고 있었다. 혐오라는 문제를 다룰 때 늘 염두에 둘 것은 이 점이다. 그것이 외계에서 뚝 떨어진 괴물이 만들어낸 현상이 아니라는 것, 거기엔 자체의 역사와 사회적 배경이 반드시 선행한다는 것이다.

이 문제를 바라볼 때 주의사항이 있다. 혐오나 증오라는 특정 감정 혹은 정동情動에 집착해선 안 된다는 것이다. 혐오가 주제인데 거기에 집중하지 말라니, 얼핏 이율배반처럼 들리지만 이는 매우 중요한 포인트다. 왜 혐오가 나쁘냐고 물어보면 많은 사람들은 이렇게 답한다. "나쁜 감정이니까 나쁘다", "약자와 소수자를 차별하게 만드니까 나쁘다." 이 대답들은 분명 선량한 마음에서 나온 것이다. 하지만 문제의 성격을 오인하게 만들 수 있다. 혐오나 증오라는 감정에 집중할수록 우린 '달을 가리키는 손가락만 바라보는' 잘못을 범하기 쉬워진다.

인과관계를 혼동하면 곤란하다. 여성혐오, 성소수자혐오,

장애인혐오, 호남혐오……. 나아가 온갖 증오범죄까지. 우리가 문제시하고 있는 각종 혐오는 자연 발생한 게 아니라 사회적으로 형성된 감정이다. 사회문제의 기원이나 원인이 아니라, 발현이며 결과다. 더 정확히 말하자면 혐오는 증상symptom이다. 증상을 관찰하는 일은 중요하지만 거기에만 매몰되면 곤란하다. 우리는 혐오나 증오 그 자체를 사회악으로 지목해 도덕적으로 지탄하는 데서 그칠 것이 아니라 그것을 만들어내는 진짜 원인들을 찾아내야 한다.

이 책에서 혐오는 때로 '증오'로 표기되고, 맥락에 따라서 '분노'나 '멸시'로 대체되기도 한다. 엄밀히 따지면 서로 구별되는 상이한 감정들이다. 그러나 관건은 나타나는 감정이 혐오인가 증오인가 여부를 따지는 게 아니라 실제로 사회에서 '차별'이 발생하는가 여부다. 명시적으로 설명하고 있지는 않지만 저자 역시 이 사실을 잘 알고 있는 것으로 보인다. 대부분의 사례가 실질적 차별행위와 직결되어 있기 때문이다.

왜 이 책을 읽어야 하는가

이제 책의 구체적인 장점에 대해서 이야기해보자. 이 책이 지닌 첫 번째 힘은 집중력이다. 저자는 '혐오의 모든 것'을 다루려는 야심을 포기한 대신 자신이 직접 취재했거나 연구한 분야 세 가지에 집중한다. 난민, 인종, 성소수자 이슈가 그것이다. 압권은 성소수자혐오를 서술한 부분이다. 저자 스스로 성소수자로서 직접 차별과 혐오를 경험해온 만큼, 고민의 깊이도 남다르게 느껴진다. 성소수자혐오의 양상이 다른 혐오 현상들과 어떻게 유사하고 또 어떻게 다른지를 종횡무진 해명해나간다. 다소 낯선 개념들도 등장하지만 이해하기 어렵지 않다. 한국에선 아직 관련 논의가 활발하게 이루어지지 않은 상황이기에, 많은 시민들이 해당 문제를 논의하는 데 이 책이 좋은 출발점이 될 수 있으리라 생각한다.

두 번째 힘은 통찰력이다. 저자는 혐오와 증오의 가해자들, 차별을 선동하는 집단을 섣불리 괴물화하지 않는다. 대신에 그것을 끝없이 분출하게 만드는 구조적 조건들을 제시한다. 그중 하나가 '수동적 동일시'라는 메커니즘이다. "사르트르는 제한적이고 불리한 환경에 수동적이고 무반성적으로 적응하는 과정을 통해 형성되는 특정한 집단들이 있다고 지적했다. 그러한 집단들을 결속하는 것은 사회적 현실에 대한 무력감이지, 사명이나 이상에 대한 자각적이고 능동적인 동일시 감정이 아니라는 것이다."(본문 54~55쪽) 불평등에 대한 불만은 정치적 범주로 인정되지 못하기 때문에 쉽사리 인종과 같은 집단적 범주로 묶여버리고 만다. 수동적 동일시가 발발하기 쉬운 상태가 되는 것이다.

또한 실제로 고통받지 않으면서도 대중의 불만을 이용해 자신의 이익을 추구하는 세력들도 사태를 악화시킨다. "증오와 공포로부터 이득을 취하는 자들도 증오와 공포에 불을 붙이는 일에 누구보다 열심이다. 이 공포의 부당이득자들이 시청률이라는 화폐를 기준으로 생각하는지 득표수라는 화폐를 기준으로 생각하는지, 아니면 공포를 부추기는 제목으로 베스트셀러를 만들어내는지 흥미로운 헤드라인으로 주의를 끄는지 그런 구분은 중요하지 않다. 어쨌든 그들은 모두 거리의 '폭도'라 불리는 이들로부터 거리를 두고 싶어 하면서도 그들을 이용해 경제적 이익을 취하는 방법은 아주 잘 알고 있다."(본문 90쪽)

세 번째 힘은 균형 감각이다. 복잡한 사회현상을 지나치게 단순화하면 조악한 음모론적 서사가 되기 쉽다. 반면 개념적 엄밀함에만 지나치게 천착하면 사태의 전모를 파악하기도 전에 지쳐서 나가떨어지게 된다. 이 책은 그 중간에서 나름의 균형점을 찾은 것 같다. 저자가 학문적 훈련을 받은 사람이면서 동시에 오랫동안 저널리스트로 현장을 지켰기 때문이 아닐까. 박람강기한 인용과는 대조적으로 감상적인 표현도 자주 나오는데, 단점이라기보다 장점으로 읽힌다.

시대를 날카롭게 진단하며 불평등에 맞서다

책 전반에 스며들어 있는 이런 균형 감각은 독일의 지적 전통과도 무관치 않아 보인다. 독일에는 '시대진단zeitdiagnose'이 오랫동안 하나의 글쓰기 형식으로 자리 잡았다. 다수 시민들이 당대의 첨예한 의제들을 심도 있게 이해하고 논의에 참여할 수 있게 한다는 점에서, 시대진단적 글쓰기는 여전히 의미가 작지 않다. 이 책『혐오사회』도 큰 틀에선 시대진단이며, 혐오와 증오, 차별 문제를 다룬 최근의 시대진단 중에서도 주목할 성과 중 하나다.

이제는 다름을 인정하고 서로 관용하자는 정도의 인식만으로 오늘날의 이 혐오와 증오의 폭발을 막아낼 수 없다는 게 분명해졌다. 주류 자유주의 정치세력이 기대고 있는 그런 인식틀의 가장 치명적인 문제는 어떤 고정되고 확정된 정체성을 기반으로 한다는 점이다. 이 인식틀 속에는 정상과 비정상, 우월과 열등의 관계 또한 이미 규정되어 있다. 그런 빈껍데기만 남은 다원주의는 혐오와 증오 문제를 막아내기는커녕 오히려 그것들을 강화하는 기능을 할 뿐이다. 카롤린 엠케는 이렇게 말한다. "'자연스럽고', '원래적인' 성은 '정상성'을 규정하는 표준으로 볼 수 있고 그렇게 보아야 한다. 이 논리에 따르면 다른 모든 것, 모든 가변적인 것은 '부자연스럽거나' '불건전한' 것으로, 신이 '의도하지 않은' 존재로, 그럼으로써 '바람직하지 않은' 존재로 강등될 수 있다."(본문 161쪽)

혐오와 증오에 맞서 싸운다는 것은 차이를 본질인 양 자연스러운 것으로 여기는 관점에 맞서는 것이다. 우리는 다르기 때문에 불평등하게 대우받는 것이 아니다. 불평등하게 대우받았기 때문에 다르게 된 것이다. 따라서 단지 혐오나 증오를 추악한 것으로 규정하고 배제하는 데 그치는 것이 아니라, 그것을 만들고 키워낸 불평등과 차별에 정면으로 맞서 싸워야 한다. 『혐오사회』는 그 쉽지 않은 싸움을 위한 좋은 야전교범 Field Manual이다.

박권일
(저널리스트, 『지금, 여기의 극우주의』, 『88만원 세대』 저자)

혐오와 증오에
어떻게 맞설 것인가

> 바닥 모를 깊은 수렁에 빠졌습니다.
> 심연에 빠진 나를 큰 물결이 집어삼킵니다.
> 나는 외쳐 부르고 부르다 지쳐 떨어졌고
> 내 목은 바싹 말랐습니다.
> 나의 눈은 하느님을 기다리느라 짓물렀습니다.
> 이유 없이 나를 미워하는 자들은
> 내 머리에 난 머리카락보다 많습니다.
>
> ― 「시편」 69장 3~5절

때때로 나는 자문한다. 그들을 부러워해야 하는 걸까 하고. 때로는 그들이 어떻게 그럴 수 있는지, 어떻게 그토록 누군가를 증오할 수 있는지 의아하기만 하다. 어쩌면 그렇게까지 확신할 수 있는 것일까. 증오한다는 건 확신이 있어야만 가능한 일이다. 그렇지 않다면 그렇게 말하고 위해를 가하며 살인하지 않을 것이다. 그렇지 않다면 다른 사람을 그렇게 멸시하고 모욕하고 공격할 수 없을 것이다. 증오하는 자에게는 자기 확신이 있어야 한다. 한 점의 회의도 있어선 안 된다. 그 앞에서 의심하는 자는 증오할 수 없다. 회의한다면 그렇게 이성을 잃을 리 없다. 증오에는 절대적 확신이 필요하다. 모든 '어쩌면'

은 걸리적거리며 방해만 한다. 모든 '혹시'는 증오 속으로 침투해 어딘가로 분출했어야 할 그 힘이 새나가게 한다.

미움받는 존재는 모호하다. 정확한 것은 온전히 미워하기가 쉽지 않다. 정확성은 섬세함을 요구한다. 엄밀하게 바라보고 귀 기울여야 하며, 서로 모순적인 다양한 특성과 성향을 지닌 각각의 개인을 개별적인 인간 존재로 인정하는 세밀한 구별을 전제하기 때문이다. 그러나 일단 윤곽들이 지워져 개인이 개인으로서 구별되지 않게 되면, 모호한 집합체들만이 증오의 수신자로 남아 자의적인 비방과 폄하를, 비난의 함성과 폭발하는 분노를 받아낸다. 유대인들, 여자들, 불신자들, 흑인들, 레즈비언들, 난민들, 무슬림들 혹은 미국, 정치가들, 서구인들, 경찰들, 언론들, 지식인들이 그렇다.[1] 증오는 증오의 대상을 곧바로 겨냥하며 완벽하게 들어맞는 대상을 찾아낸다.

증오는 위 또는 아래로, 어쨌든 수직의 시선축을 따라 움직이며 '높은 자리에 있는 자들'이나 '저 아랫것들'을 향한다. 그들은 언제나 '자기 것'을 억압하거나 위협하는 '타자'라는 범주다. '타자'는 위험한 힘을 지녔거나 열등한 존재라고 근거 없이 추정되고, 따라서 그들을 학대하거나 제거하는 행위는 단순히 **용서할 수도** 있는 일이 아니라 **반드시 수행해야 하**

는 조치로 추켜올려진다. 타자는 비난하거나 무시해도, 심지어 해치거나 살해해도 처벌받지 않는다.[2]

이런 증오를 몸소 경험한 사람, 거리에서나 인터넷상에서나 밤에나 대낮에나 혐오와 증오에 노출된 사람, 그런 인식들을 견뎌내야 하는 사람, 멸시와 학대의 역사를 오롯이 제 몸에 품고 있는 사람, 죽어버리라거나 성폭행을 당하라는 저주의 욕설을 들은, 심지어 살해하겠다거나 성폭행하겠다는 위협의 메시지를 받은 사람, 권리를 부분적으로밖에 누리지 못하는 사람, 의복이나 머리쓰개 때문에 멸시당하는 사람, 남에게 공격당할까봐 두려워 변장을 해야만 하는 사람, 집 앞에 폭력배들이 버티고 있어 집 밖으로 잘 나가지도 못하는 사람, 경찰의 보호를 받아야만 학교나 예배당에 다닐 수 있는 사람, 본인이 직접 그 대상이 된 이 모든 사람들은 결코 혐오와 증오에 익숙해질 수 없을 뿐 아니라 익숙해지기를 거부한다.

인간에게는 자기와 다르거나 낯선 사람에 대한 무의식적 방어심리가 있게 마련이다. 하지만 그런 태도가 무조건 혐오나 증오로 느껴지는 것은 아니다. 독일의 경우 그것은 일종의 거부로서 표현되며, 대개 사회적 관습의 테두리를 벗어나지 않는다. 그러나 최근 몇 년 사이 우리 사회가 관용을 너무

지나치게 내세우는 건 아닌가 하는 생각이 사람들 사이에서 서서히 고개를 들고 있다. 종교나 겉모습이나 사랑하는 방식이 다른 사람들이 좀처럼 만족에 다다르지 못하는 정도가 아니라, 사실은 아예 만족할 줄 모르는 자들은 아닌가 하는 불편한 심기들이 사회 곳곳에서 점점 더 뚜렷이 드러나고 있다. 또한 유대인이든 동성애자든 여성이든 이제는 좀 순순히 만족할 때가 되었으며, 어쨌든 이미 그들에게 많은 것이 허용되지 않았느냐는, 신중한 척하지만 분명한 비난도 있다. 마치 평등에 상한선이라도 있다는 듯이 말이다. 마치 지금까지는 여성이나 동성애자가 편히 평등을 누릴 수 있었지만 이제는 그것도 끝이라는 듯이. '완전한 평등이라고? 그건 너무 지나친 요구지! 그러면 그건 정말로…… **평등한** 게 되잖아.'

오만함에서 나오는 이런 기이한 비난은 이미 이루어진 관용에 대한 자화자찬과 아주 은밀하게 짝을 맺는다. 여성이 일을 할 수 있다는 사실 자체가 대단한 발전인 것처럼, 거기다 왜 임금까지 평등해야 하느냐고 묻는다. 동성애자를 더 이상 범죄자로 규정하지 않고 감금하지 않는 것만도 칭송할 일인 것처럼, 이제는 그에 대해 감사라도 표해야 하는 게 아니냐고 묻는다. 동성애자들이 사적으로 서로 사랑하는 것은 그렇다 치지만, 왜 공적으로 결혼까지 하려 하느냐고.[3]

무슬림에 대해서는 이중적 관용이 적용되는데, 이는 흔히 무슬림들이 여기에 사는 것은 괜찮지만 이슬람교를 종교로 갖는 것은 탐탁지 않다는 식의 사고방식이다. 그리고 보면 종교의 자유란 꼭 집어 기독교에게만 인정되는 개념인 모양이다. 또 언제부턴가 홀로코스트Holocaust를 끊임없이 거론하는 일도 이제는 서서히 마침표를 찍어야하지 않겠느냐는 이야기가 갈수록 자주 들려온다. 아우슈비츠Auschwitz를 기억하는 일에 무슨 요구르트처럼 정해진 유통기한이라도 있는 듯이. 나치즘Nazism의 범죄를 반성하는 일이 마치 꼭 들러야하는 관광지 목록처럼 한 번 보고 나면 지워버려도 되는 것처럼.

아무튼 독일에서는 이미 뭔가가 달라졌다. 사람들은 이제 공공연하고 거리낌 없이 증오를 표출한다. 때로는 미소를 머금은 얼굴로, 때로는 웃음기 없는 얼굴로, 그리고 대개는 전혀 부끄러운 기색도 없이. 익명으로 된 협박 편지는 과거에도 있었지만, 요즘에는 이름과 주소까지 명기한다. 인터넷상에서 폭력적 공상을 펼치고 혐오와 증오로 가득 찬 댓글을 달 때도 이제는 닉네임 뒤에 숨지 않는다. 몇 년 전 누군가 내게 이 사회에서 다시 **그런 식으로** 말하는 일이 가능해질 거라고 생각하는지 물었다면 어땠을까? 그때였다면 나는 그것이 불가능한 일이라고 생각했을 것이다. 공적인 담론이 다시 이렇게 야만적으로 변할 수 있다는 것, 그리고 사람들을 그렇게 제약 없이 박해할 수 있다는 것은 상상도 할 수 없는 일이었다. 대화에 대한 전통적인 기대가 모두 뒤집히고 상호관계의 기준도 완전히 역전된 것 같다. 상대방에게 아주 단순하고도 당연한 예의를 표하는 것도 부끄러워할 일이고, 상대방을 전혀 존중하지 않고, 오히려 가능한 한 거칠고 난폭하고 편견 가득한 태도를 보이는 것이 자랑할 일이라고 생각하는 것 같다.

나는 결코 그런 식의 생각과 행동을 문명이라고 보지 않는다. 이를 저지하지 않고 그대로 둔다면 누구라도 포악함과 모욕과 침해를 당할 수 있다. 요즘에는 적대감을 과시적으로 표출하는 행위에 이른바 공적인 의미, 심지어 정치적 의미가 있다고 주장하는 이들이 있는데, 이에 편승해 내면의 모든 천박함을 노골적으로 드러내도 된다고 생각한다면 결코 문명인이라 할 수 없다. 다른 많은 이들처럼 나도 그런 것에 익숙해질 생각은 추호도 없다. 이곳에서나 유럽에서나 다른 어느 곳에서나 새로이 일고 있는 이 서슴없는 증오에 대한 욕망을 결코 정상적인 것으로 여기지 않을 것이다.

내가 여기서 말하는 혐오와 증오는 개인적인 것도 우발적인 것도 아니다. 단순히 실수로 또는 궁지에 몰려서 자기도 모르게 분출하는 막연한 감정이 아니다. 그것은 이데올로기에 따라 집단적으로 형성된 감정이다. 이것이 분출되려면 미리 정해진 양식이 필요하다. 모욕적인 언어표현, 사고와 분류에 사용되는 연상과 이미지들, 범주를 나누고 평가하는 인식틀이 미리 만들어져 있어야 한다. 혐오와 증오는 느닷없이 폭발하는 것이 아니라 훈련되고 양성된다. 그것을 자발적이거나 개인적인 것으로 해석하는 모든 사람은 자기도 모르게 그 감정들이 계속 양성되는 일에 기여하는 셈이다.[4]

여기서 가장 심란한 것은 독일이나 유럽에서 공격적이고 증오를 조장하는 대중 선동적인 정당이나 운동이 득세하고 있다는 사실이 아니다. 그 부분에서는 아직 희망을 가져볼 여지가 있다. 개개인의 오만함이나 상호 간의 적대감 때문에, 아니면 단순히 정치활동을 전문적으로 수행할 인력이 부족하다는 이유로 시간이 지나면 저절로 해체될 가능성이 있기 때문이다. 세계화된 세상의 사회적, 경제적, 문화적 현실을 아예 부정하는 반근대적 기획들도 논외로 하자. 그런 정당이나 운동 들이 일단 논쟁의 장에서 자신들의 주장을 내세우고 복잡한 사안들에 관해 객관적으로 토론하자는 요구를 받아 공적인 시선에 낱낱이 해부되면, 애초에 그들이 발휘하던 매력은 이내 힘을 상실할 것이다. 그들은 늘 자신이 반체제적이라고 주장하고 있지만, 이 주장 역시 어떤 개별적 사안에서 한 번이라도 체제에 동조한다면 이내 무너지고 말 것이며, 이는 다른 지점들에 대한 비판도 더욱 효과적으로 만들 것이다. 갈수록 심각해지는 불평등에 대한 사회적 불만, 구조적으로 취약한 지방과 도시의 노인빈곤 문제에 대한 불안을 해결하려는 사회경제적 프로그램도 철저하게 마련해야 할 것이다.

사실 그보다 훨씬 더 위협적인 것은 광신주의적 풍토다. 비단 독일뿐 아니라 다른 곳들도 마찬가지다. 이런 분위기에서는 종교가 다르거나 아예 없는 사람들, 겉모습이나 사랑하는 방식이 다른 사람들을 점점 더 근본주의적으로 거부하는 것을 표준이라고 주장한다. 자신과 다른 모든 사람에 대한 혐오와 멸시가 계속 심화되고 확대되면 결국 모든 사람이 해를 입게 된다. 증오의 표적이 되거나 목격자가 되면 우리는 대개 간담이 서늘해져 입을 다물어버리기 일쑤이고, 쉽게 겁먹고 기가 죽거나, 포악함과 공포에 대처할 방법을 몰라 자신이 무방비 상태라고 느껴 마비된 것 같은 상태가 되어 공포 앞에서 입도 뻥긋하지 못하게 되기 때문이다. 유감스럽게도 바로 그런 것이 증오가 가진 힘이다. 증오는 제 손아귀에 들어온 존재에게서 일단 평정을 빼앗고 이어서 방향감각과 자신감까지 앗아가 버린다.

증오에 대처하려면 자신과 똑같아지라는 증오의 유혹을 뿌리치는 수밖에 없다. 증오로써 증오에 맞서는 사람은 이미 자기도 따라 변하도록 허용한 셈이며, 증오하는 자가 원하는 모습에 가까워진 것이다. 증오에는 증오하는 자에게 부족한 것, 그러니까 정확한 관찰과 엄밀한 구별과 자기회의로써 대응해야 한다. 그러려면 증오를 이루는 성분들을 천천히 하나하나 해체해야 하고, 강렬하고 발작적인 감정으로서의 증오를 그 이데올로기적 전제들로부터 분리해 어떤 역사적, 지역적, 문화적 맥락에서 발생해 작동하고 있는지 고찰해야 한다. 이러한 일이 별것 아닌 듯 여겨질지도 모른다. 아주 소박한 일로 느껴질 수도 있다. 어떤 사람들은 정말로 광신적인 이들을 결코 이해할 수 없다고 말한다. 그럴지도 모른다. 그러나 이 말은 충분히 반박할 수 있다. 증오에 자양분을 공급하는 근원과 증오가 날뛸 수 있게 하는 구조, 증오가 작동하는 기제를 더 잘 알아차릴 수 있으면 그것에 대응하는 데 큰 도움이 된다. 증오에 동조하고 환호하던 사람들이 자기 확신을 잃게 할 수만 있어도 도움이 된다. 또한 사고방식과 관점을 형성하는 단계에서 이미 증오로 나아갈 준비를 하고 있는 이들에게서 경솔한 순진성이나 냉소주의를 제거하는 것도 도움이 된다. 이제는 조용하게 평화로운 활동에 참여하는 사람들이 아니라 그들을 혐오하고 멸시하는 자들이 스스로 정당함을 증명해야 한다. 이제는 곤궁에 처한 이들을 돕는 사람들이 아니라 그 당연한 일을 거부하는 자들이 정당성을 입증해야 하며, 개방적이고 인간적인 공존을 원하는 사람들이 아니라 그것을 뒤엎는 자들이 자기변호를 하는 상황이 되어야 한다.

증오와 폭력을 고찰할 때는 그것을 가능하게 만드는 구조도 함께 고찰해야 한다. 이 말은 증오와 폭력이 번성하는 데 반드시 필요한 사전 정당화와 사후 동의의 과정을 가시적으로 드러내 보인다는 의미이기도 하다. 구체적인 사례들에서 증오나 폭력에 자양분을 공급하는 다양한 원천을 고찰한다는 것은, 증오는 매우 자연스러운 것이며 엄연한 사실에 근거한다는 잘못된 통념에 맞서는 일이다. 그 통념은 증오가 마치 존경심처럼 자연스럽게 솟아나는 진짜 감정이라고 우긴다. 그러나 증오는 그저 존재하기만 하는 것이 아니다. 만들어지는 것이다. 폭력 또한 단순히 거기 있는 게 아니다. 준비되는 것이다. 증오와 폭력이 어느 방향으로 분출되는지, 누구를 표적으로 삼는지, 또 그러기 위해 먼저 어떤 장벽과 장해물을 제거하려 하는지, 이 모든 것은 우연하거나 단순히 주어진 것이 아니라 특정한 방향으로 유도된 것이다. 한편 증오와 폭력을 그 자체만으로 비판하는 것이 아니라 그 작동 방식들

안에 놓고 비판해야 한다는 것은 뭔가 **다른** 것이 존재할 수도 있었을 가능성, 누군가 **다른** 결정을 내릴 수도 있었을 가능성, 누군가 **개입**할 수도 누군가 **발을 뺄** 수도 있었을 가능성까지 보여주는 것을 뜻한다. 그리고 증오와 폭력이 정확히 어떤 추이를 따라갔는지 기술한다는 것은 그것들이 중단되거나 전복될 수 있는 가능성까지 밝혀내는 것이다.

증오가 걷잡을 수 없이 폭발하기 전에 미리 관찰한다면 그것에 대처할 수 있는 또 다른 가능성이 생긴다. 몇몇 특정한 형태의 증오에 대해서는 검찰과 경찰이 책임지고 대처해야 한다. 그러나 배제와 고립의 형식들, 태도와 습관, 관행, 신념 등에서 나타나는 편협하고 야비한 따돌림의 수법들에 대해서는 사회 구성원 모두에게 책임이 있다. 증오하는 자들이 그 대상에게 해를 입힐 수 있는 여지를 주지 않는 것은 문명사회의 구성원으로서 우리 모두의 책임이다. 그것은 남에게 떠넘길 수 없는 일이다. 모습이 다르고, 생각이 다르고, 종교나 사랑하는 방식이 다르다는 이유로 멸시받고 위협당하는 사람들에게 힘이 되어주는 데는 많은 것이 필요하지 않다. 그것은 차별을 감지해내는 일, 사회적 공간이나 담론의 공간에서 추방된 이들에게 그 공간들을 열어주는 것과 같은 작은 일들이다. 어쩌면 증오에 대항하는 가장 중요한 태도는 고립되지 않는 것인지도 모른다. 침묵 속으로, 사적인 공간 속으로, 자기만의 은신처나 환경이 주는 보호막 속으로 떠밀려 들어가지 말라. 아마도 가장 중요한 움직임은 자기 밖으로 나오는 움직임일 것이다. 자기 밖으로 나와 다른 이들을 향해 가는 움직임, 그리하여 그들과 함께 사회적 공간, 공공의 공간을 다시 열기 위한 움직임 말이다.

증오의 손아귀에 사로잡혀 그 속에 홀로 남겨진 사람들은 서두에서 인용한 시편의 탄식처럼 "바다 모를 깊은 수렁에 빠졌다"고 느낄 것이다. 그들에게는 딛고 설 바닥이 없다. 그들은 깊은 심연에 빠졌고 큰물이 그들을 집어삼킨다. 우리는 그들을 홀로 내버려두어서는 안 되고, 그들이 외쳐 부를 때는 귀를 기울여야 한다. 증오의 큰물이 계속 부풀어 오르는 것을 방치해서는 안 된다. 모든 이가 딛고 설 수 있는 튼튼한 지반을 닦아놓는 것, 그것이 가장 중요한 일이다.

1

보이는 것과
보이지 않는 것

Gegen Den Hass
Carolin Emcke

*

> "나는 보이지 않는 인간이다. (중략)
> 내가 말하는 보이지 않는 현상은
> 나와 접촉하는 사람들의 눈이 지닌
> 특이한 성질 때문에 생긴다."
>
> – 랠프 엘리슨Ralph W. Ellison,
> 『보이지 않는 인간Invisible Man』

그는 피와 살로 이루어진 사람이다. 유령도, 영화 속 등장인물도 아니다. 공간을 차지하고 있고, 그림자가 생기며, 길을 막아설 수도, 시야를 가릴 수도 있는 육체를 지닌 존재. 1952년에 출간된 랠프 엘리슨의 유명한 소설 『보이지 않는 인간』에서 흑인 주인공은 자신을 그렇게 설명한다. 자신도 말을 하고 다른 사람의 눈을 마주볼 수 있는 사람이라고. 그런데도 사람들은 마치 그가 상을 왜곡하는 거울에 둘러싸여 있는 것처럼 그와 마주쳐도 그 거울에서 자기 자신이나 자기 주변 배경밖에 못 보는 것 같다. 다른 건 다 보지만 그만은 안 보이는 모양이다. 이 현상을 어떻게 설명할 수 있을까? 왜 **백인들**은 그를 보지 못하는 것일까?

그를 지우고 없는 존재로 만드는 것은 바라보는 이들의 시력이나 생리적인 문제가 아니라 그들의 마음가짐이다. 다른 사람들에게 그는 존재하지 않는 사람이다. 마치 그가 공기인 것처럼, 필요에 따라서는 부딪히지 않으려고 피해야 하지만 말을 건네거나 반응을 하거나 주의를 기울일 필요는 없는, 가로등 같은 무생물인 것처럼 말이다. 아무도 보지도 인지하지도 않는 탓에 마치 보이지 않는 사람처럼 살아간다는 것은 사실상 가장 실존적인 방식으로 멸시당하는 것이다.[1] 보이지 않는 사람들, 사회적으로 인지되지 않는 사람들은 어떤 '우리'에도 속하지 않는다. 그들이 하는 말은 아무도 귀담아듣지 않고, 행동은 무시된다. 보이지 않는 사람들에게는 감정도 욕구도 권리도 없다.

아프리카계 미국인이자 시인인 클라우디아 랭킨Claudia Rankine도 최근 시집 『시민Citizen』에서 보이지 않는 자의 경험에 관해 이야기했다. 지하철에서 어떤 남자가 모르는 흑인 소년을 '못 보고' 밀쳐서 바닥에 쓰러뜨린다. 남자는 걸음을 멈추지도 않고 소년을 일으켜주지도 사과하지도 않는다. 부딪침 같은 건 애초에 없었다는 듯, 거기에 사람 같은 건 없다는 듯. 랭킨은 이렇게 썼다. "그리고 당신은 그런 일이 멈추기를, 아이를 보지 않은, 한 번도 그 아이를 본 적 없고, 아마도 자기 자신의 거울상과 같은 이들 외에는 아무도 본 적 없을 그 남자가 밀어서 바닥에 넘어뜨린 아이를 보기를, 일으켜 세워주기를, 먼지를 털어주기를 원한다."[2]

당신은 더 이상 그런 일이 없기를 원하고, 언젠가 누군가가 만들어내 표준이라며 내세운 특정 이미지에 부합하는 사람들만이 눈에 보이는 상황은 원치 않는다. 남의 눈에 보이는 존재이기 위해서는 그저 사람이라는 사실만으로 충분하고 다른 어떤 자격이나 특징도 필요하지 않기를 원한다. 당신은 일반적인 기준과 뭔가 달라 보이는 사람들이라고 해서 간과되는 것을 원치 않고, 애초에 보이는 것과 보이지 않는 것을 가르는 표준이 존재하는 것 자체를 원치 않는다. 그 표준의 이미지를 머리에 새긴 다수와 단지 피부색이나 신체적 특징, 사랑하는 방식이나 종교, 희망하는 바가 다르다는 이유로 바닥에 밀쳐지는 것을 원치 않는다. 그것은 보이지 않아서 바닥에 밀쳐지는 사람들뿐 아니라 모든 사람에 대한 모욕이기 때문에, 당신은 그런 일이 더 이상 없기를 원한다.

그런데 엘리슨이 말한 '눈의 특이한 성질'은 어떻게 생겨날까? 왜 어떤 사람들은 다른 사람들에게 보이지 않는 존재가 될까? 어떤 감정이 누구는 보이게 하고 또 누구는 보이지 않게 하는 식의 보는 방식을 유발할까? 어떤 관념이 다른 사람들을 지워버리거나 흐려지게 하는 그런 내적 태도를 키우는 걸까? 누가, 그리고 무엇이 이런 태도를 만드는 걸까? 이런 태도는 어떻게 증식할까? 누군가를 왜곡하거나 서서히 지워버리는 시선의 체제들에는 어떤 역사적 이야기들이 각인되어 있을까? 특정한 사람들을 보이지 않게 만들고 중요하지 않은 사람으로, 또는 위협적이거나 위험한 사람으로 보이게 하는 해석의 기준은 어떻게 생겨나는가?

그리고 무엇보다, 더 이상 보이지 않는 존재로 취급받는 것, 더 이상 사람으로서 인식되지 않는다는 것은 당사자들에게 어떤 의미일까? 누군가를 보이지 않는 사람 취급을 하거나 실제 자신과 뭔가 다른 존재로 보는 것은? 다양한 능력과 성향을 지닌 개인으로서나 이름과 얼굴을 가진 한 존재로서가 아니라, 예컨대 외국인으로, 범죄자로, 야만인으로, 병자로, 어쨌든 어떤 무리에 속한 구성원으로서만 보는 것은? 이러한 사회적 불가시성 앞에서 방향성과 방어력을 잃지 않는 것이 가능한 일일까?

*

사랑

"그 꽃을 찾아오너라!" 요정의 왕 오베론은 궁정광대인 요
정 퍽에게 누구든 정신없이 사랑에 빠지게 만드는 마법의 꽃
을 찾아오라고 명령한다. 그 꽃의 약효는 아주 강력하다. 잠
든 사람에게 그 꽃의 즙을 떨어뜨리면 그 사람은 잠에서 깨
어나서 처음 보는 존재를 사랑하게 된다. 그리 똑똑한 편이
아니었던 요정 퍽은 실수로 오베론이 지시한 것과는 다른 대
상에게 꽃즙을 뿌렸고, 그 때문에 『한여름 밤의 꿈A Midsummer
Night's Dream』에서는 일이 아주 희한하고 혼란스럽게 꼬인다.
특히 요정 왕비 티타니아와 직조공 보텀에게 심각한 일이 일
어났다. 퍽은 아무것도 모르는 보텀에게 마법을 걸어 커다란

당나귀 머리가 달린 괴물로 바꾸어놓았다. 유순한 보텀은 자기 모습이 변한 것을 알아차리지 못한 채, 자기를 보는 모든 이가 달아나자 깜짝 놀란다. "맙소사, 보텀! 자네, 이럴 수가!" 흉측하게 변한 보텀의 모습을 본 친구는 그 사실을 가능한 한 조심스럽게 알려주려고 애쓰며 이렇게 말한다. "자네 **변했어**." 보텀은 모든 게 친구들의 황당무계한 장난이라고 여긴다. "저 친구들 내가 당나귀로 변했다며 겁을 주려는 속셈인 게지." 이렇게 말하고는 노래를 흥얼거리며 당당하게 걸어간다.

그렇게 짐승처럼 변한 보텀은 숲을 지나다가 자는 동안 마법의 꽃즙이 묻은 티타니아와 마주친다. 그 순간 마법이 작동한다. 티타니아는 보텀을 본 그 순간 이미 그를 깊이 사랑하게 되었다. "아아, 그대의 사랑스러운 모습이 내 눈을 홀리고, 그대의 고귀함이 나를 강력히 사로잡아, 첫눈에 그대에게 사랑한다고 고백하고 맹세하게 하는군요."

당나귀한테 무슨 문제가 있다는 말은 아니다. 하지만 티타니아는 앞에 서 있는 반인반수를 보고서 '사랑스러운 모습'이라고 말한다. 어떻게 그럴 수 있는 걸까? 그녀가 보지 못하거나 다르게 본 것은 무엇일까? 혹시 티타니아가 보텀의 커다란 귀를 몰라봤을 수도 있을까? 텁수룩한 털을 못 본 걸까? 그 커다란 입을? 어쩌면 티타니아는 보텀을 쳐다보면서도 자기 앞에 있는 상대방의 정확한 윤곽과 세세한 모습은 보지 못하는 것인지도 모른다. 티타니아에게 보텀은 전적으로 '사랑스러운 모습'으로 보인다. 어쩌면 그녀는 '사랑스러운'이라는 술어에 부합하지 않는 속성과 특징은 그냥 모조리 지워버렸는지도 모른다. 마음이 동하고 흔들린 '홀딱 반한' 상태여서 아마도 그 희열감이 몇 가지 인지기능을 마비시켰을 수도 있다. 또 다른 가능성도 있다. 티타니아가 그 커다란 귀와 텁수룩한 털과 커다란 주둥이를 분명히 **보았지만**, 꽃의 마법에 걸려 상대방의 이러한 양상들을 정상적인 상태일 때와는 다르게 **평가**했을 수도 있다. 그 커다란 귀가 티타니아에게는 갑자기 매력적이고 사랑스럽게 보인 것이다.

셰익스피어William Shakespeare가 마법의 꽃즙이라는 극적인 수단을 동원해 만들어낸 효과는 우리도 익히 잘 알고 있다. 사랑(또는 욕망)은 너무나 갑작스럽게 닥쳐오는 일이라는 것. 아무 준비도 안 된 사람에게 닥쳐 온 존재를 사로잡아버린다는 것. 분별력을 앗아간다는 것. 넋이 빠질 정도로 매혹적이라는 것. 그러나 여기서 티타니아가 보텀에게 빠진 것은 있는 그대로의 보텀을 사랑해서가 아니라 단지 깨어나서 처음 본 대상이 그였기 때문이다. 물론 보텀은 티타니아가 마법에 걸린 상태에서 사랑한 대상이지만 티타니아의 눈에 그는 내면적으로나 외면적으로나 실제로 사랑스럽게 보였다. 심지어 티타니아는 보텀을 사랑하는 이유까지 제시했지만 사실 그것은 진짜 이유가 아니다. 티타니아와 보텀의 사랑 이야기를 빌려 셰익스피어가 말하려 한 것은 감정의 원인과 대상이 일치하지 않는 정서적 상태다. 잠을 잘 못 잤거나 화가 난 사람은 아무것도 아닌 일도 핑계로 삼아 분노를 표출한다. 그럴 때는 누구든 처음 맞닥뜨리는 사람이 그 대상이 될 수 있다. 그에게 무슨 일이 있었는지도 모르고 그를 화나게 한 적도 없는 사람이라도 말이다. 감정은 실제로 그것이 향하는 대상이나 본질이나 사건과는 전혀 다른 어떤 것 때문에 촉발될 수도 있다. 보텀은 티타니아가 사랑하는 대상이기는 하지만 그 사랑의 원인은 아니다.

이 이야기에 담긴 의미는 또 있다. 다른 감정들도 그렇지만 특히 사랑에서는 **바라봄의 능동적 방식**이 중요하다는 것이다. 티타니아는 사랑의 대상인 보텀을 중립적으로 바라보는 것이 아니라 '사랑스러움', '고귀함', '매혹', '매력' 같은 말들로 판단하고 평가한다. 동시에 그 열애의 감정은 자체의 막강한 동력을 지니고 있어서, 이따금 떠오르는 달갑지 않기 때문에 부적절한 지각들은 차단해버린다. 사랑하는 이의 눈에는 자신이 욕망하는 상대방의 불쾌한 특성이나 습관을 암시하는 신호들이 보이지 않는다. 그 사랑을 반박할 수 있는 말이나 자신의 감정과 욕망을 저지할 수 있는 것은, 적어도 도취된 처음의 시기에는 모두 억압된다. 그렇게 사랑의 대상은 사랑하기에 **적합한** 존재가 된다.

여러 해 전 아프가니스탄Afghanistan에서 한 젊은 통역자가 나에게 부모가 아들의 신부를 정해주는 것이 왜 사리에 맞는 일인지 설명해준 적이 있다. 그는 부드럽지만 단호한 어조로, 어차피 사람은 사랑에 빠진 상태에서는 완전히 눈이 멀어 사랑하는 여인이 정말로 자기한테 잘 맞는 사람인지 판단할 수 없다고 말했다. 마음이 착란을 일으킨 일시적 상태인 사랑은 경험상 어차피 영원히 지속되지 않으며, 셰익스피어가 말하는 꽃의 마법도 결국에는 풀린다. 그러면 그 후에는 어쩔 것인가? 그러니 사랑의 미혹이 사라진 뒤에도 자신에게 늘 잘 어울릴 여자를 본인의 어머니가 냉철한 눈으로 미리 선택하는 편이 훨씬 낫다는 것이다. 그 역시 부르카burka*를 쓰지 않은 아내의 모습은 결혼식 당일에 처음으로 보았고, 단둘이 이야기를 나눈 것도 그날 밤이 처음이었다고 한다. 그래서 그는 행복했을까? 그렇다. 무척 행복하다고 했다.[3]

---

* 이슬람교 여성들이 입는 옷 중 하나로, 머리부터 무릎 또는 발목까지 덮는 긴 겉옷이다.

현실을 흐릿하게 지우는 방법은 다양하다. 사랑은 우리의 눈에서 현실을 지워버리는 여러 감정들 중 하나일 뿐이다. 사랑에는 그 무엇에도 흔들리지 않는, 그래서 호의적인 확신이 있다. 사랑은 상대방의 가치를 높이고 그에게 호의적인 선입견을 갖게 하며, 또한 사랑받는 사람에게는 그러한 투사가 **유리하게** 작용하기 때문이다. 어떤 면에서 사랑이 특별한 인상을 남기는 것은 현실의 모든 저항이나 장해를 넘어서는 바로 그 힘 때문이다. 사랑하는 사람은 이의나 의심을 붙들고 씨름하려 하지 않으며, 자신의 뜻을 분명히 밝혀야만 하는 상황을 원치 않는다. 모든 주장들 하나하나, 이런저런 특징에 대한 모든 언급들 하나하나가 사랑하는 사람에게는 마치 사랑을 축소하는 것처럼 여겨질 뿐이다. 기이한 것은 사랑이 다른 사람에 대한 인정의 한 형식임에도 그 인정에 꼭 인식이 전제되는 것은 아니라는 점이다. 그 인정은 단지 내가 '사랑스럽고', '고귀하고', '매혹적이고', '매력적'이라고 느끼는 특정한 속성들을 그 존재의 특징으로 여긴다는 것을 전제할 뿐이다.[4] 그것이 비록 당나귀 귀나 텁수룩한 털이라고 해도 말이다.

*

희망

헤시오도스Hesiodos가 들려준 판도라Pandora의 전설에 따르면, 제우스Zeus는 판도라에게 악덕과 해악이 가득 담긴 상자를 주어 지상으로 보냈다. 그리고 그 상자에는 그때까지 인간이 알지 못했던 끔찍한 것들이 담겨 있으니 절대 열어서는 안 된다고 했다. 그러나 판도라는 호기심을 이기지 못하고 뚜껑을 열어 안을 들여다보았고 그러자 병과 굶주림과 근심이 상자에서 빠져나와 지상에 퍼져나갔다. 그런데도 판도라가 보지 못한 것이 있었으니, 바로 그녀가 다시 뚜껑을 닫을 때 상자 밑바닥에 남아 있던 희망이었다. 그러니 제우스는 희망이 명백하게 해악에 속한다고 보았던 것이다. 왜일까? 희망은 좋은 것이 아닌가. 우리를 격려하고 긍정적인 마음을 갖게 하며 선한 행동을 하도록 독려하는 것. 희망은 사랑이 그렇듯 포기할 수 없는 필수적인 것이 아닌가.

물론 그렇다. 하지만 여기서 말하는 희망은 근거 있는 예측이나 실존적 확신으로 이해할 수 있는 희망이 아니다. 그런 희망은 바람직하고 필요하다. 헤시오도스가 말한 희망은 허황한 추측을 기반으로 한 공허한 희망이다. 그런 식의 희망을 품는 사람의 문제는 자신이 열망하는 바대로 이루어지리라고 확신하는 경향이 있다는 것이다. 그것은 명백히 눈에 보이는 것마저 무조건 무시해버리는 근거 없는 기대감이다. 이마누엘 칸트Immanuel Kant는 이와 관련해 '오성의 저울이 지닌 편파성'이라는 말을 썼는데, 이는 곧 희망 때문에 생긴 편견을 일컫는다.

무조건 좋은 결과만을 바라는 사람은 그러한 희망을 위축시킬 수 있는 모든 징조는 못 본 척 눈감아버린다. 자신이 열렬히 바라는 시나리오의 전개에 방해가 되는 것이면 무엇이든, 의식하든 못하든 희미하게 만들고 보이지 않게 지워버리는 것이다. 군사적 전망에서든 경제적 혹은 의학적 전망에서든 희망은 자신이 가정하고 있는 것에 어긋나는 항목이나 신호를 시선에서 차단해버리기 쉽다. 그런 것이 보이면 너무 낙관적인 예측은 재고하지 않을 수 없기 때문에 거슬리고, 어떤 식으로든 자신의 낙천적인 활력과 희망사항에 제동을 걸기 때문에 신경을 긁는다. 불편하고 복잡하고 불확실한 현실을 직시하는 것은 쉽지 않은 일이다.

만약 어떤 친구가 자기는 알코올중독이 아니라고 우기면, 우리는 그 말이 부디 사실이기를 바란다. 그 친구가 어떻게 술을 마시는지 보고, 만남과 우정의 리듬이 갈수록 중독의 리듬에 맞춰지는 것을 보고, 시간이 지나면서 중독이 점점 더 그 친구를 자기 자신에게서 소외시키는 것을 지켜본다. 그러면서도 우리는 인정하려 하지 않는다. 우리가 착각한 것이기를 바라고, 우리가 알게 된 사실을, 그러니까 친구가 병이 들었고 우리가 그를 지켜내지 못했다는 사실을 차라리 모르기를 바란다. 회복을 바라면서도 동시에 회복을 막고 있는 것이다. 회복은 중독을 있는 그대로 솔직히 직시해야만 시작될 수 있는 일이기 때문이다.

때로 희망은 나쁜 결말을 암시하는 불길한 신호들을 지워 버리는 것이 아니라 재해석하게 한다. 더 나은 결말을 약속 해주는 낙관적인 해석이나, 포기해야 할 것이 좀 더 적어서 마음을 달래주는 이야기에 그 신호들을 끼워 맞추는 것이다. 어쩌면 그 친구가 자신이 알코올중독이라는 사실을 깨달았을 수 있고, 그래서 이후에 대화를 나누며 자기가 빠진 알코올중독의 메커니즘을 충분히 파악하게 되었을 수도 있다. 그는 자신을 우리 중 누구보다 더 예리하게 분석한다. 그럴 때 우리는 또다시 다 잘될 거라고 희망한다. 그 희망을 반박하는 모든 징조들, 자신의 기대가 얼마나 비현실적이거나 순진한지 폭로할 수 있는 모든 징조들은 보이지 않게 된다. 어쩌면 우리가 갈등을 회피하는 것일 수도 있다. 친구가 전혀 들으려고 하지 않는 내용을 누가 기꺼이 말하려 하겠는가? 친구의 일에 개입해 기분을 상하게 하고 친구 사이를 위태롭게 하는 일을 그 누가 기꺼워하겠는가? 그리하여 기만적인 희망은 명백히 보이는 사실, 누군가가 병에 걸렸고 스스로 자신을 파괴하고 있다는 사실을 계속해서 보이지 않게 지워버리는 것이다.

*

걱정

일단 나에게 사로잡힌 자,
그에게는 온 세상이 아무 소용없나니.
영원한 어둠이 내려앉고,
태양은 뜨지도 지지도 않으니,
외부의 감각이 완전해도
내면에는 어둠이 자리 잡는다네.
온갖 귀한 보물이 있어도
자기 것으로 갖지 못하지.

- 요한 볼프강 폰 괴테Johann Wolfgang von Göthe,
『파우스트Faust』 비극 제2부에서 근심의 말

"일단 나에게 사로잡힌 자, 그에게는 온 세상이 아무 소용없
나니." 괴테의 『파우스트』에서 근심은 이런 말로 자기 존재
를 천명한다. '네 명의 회색 여인' 즉, 결핍, 곤궁, 죄악, 근심
이 늙은 파우스트에게 들러붙어 괴롭히려고 그의 성을 찾아
가지만, 문이 잠겨 있어 들어갈 수가 없다. 결국 넷 중 근심
만이 열쇠구멍을 통해 안으로 들어간다. 근심의 존재를 감지
한 파우스트는 그가 자신에게 다가오지 못하게 하고, 그가 하
는 말을 막으려 한다. "그만두어라! / 내게 다가오지 마라! /
그런 헛소리는 듣기 싫다. / 썩 꺼져라! 그 사악한 장광설은 /
지극히 현명한 자마저 능히 우롱하겠구나." 파우스트는 근심

이 지극히 평범한 날도 '끔찍한 혼란'으로 바꿔놓을 수 있고, 그 어떤 재산이나 행복도 무가치해 보이게 할 수 있으며, 모든 낙관적인 전망에도 어두운 장막을 드릴 만큼 위험하다는 걸 잘 알고 있다. 그러나 파우스트가 아무리 애를 써도 근심은 좀처럼 쫓아지지 않는다. 근심은 결국 파우스트에게 입김을 불어 그의 **눈을 멀게** 만들고 나서야 마침내 자리를 뜬다.

괴테가 묘사했듯이 걱정은 사람의 내면으로 파고들어 똬리를 튼다. 눈이 먼 파우스트에게는 (시력과 함께) 외부세계도 사라졌다. 그에게 '보이는' 것이라고는 모든 것을 미심쩍고 위협적이고 거추장스러워 보이게 함으로써 그의 삶을 좀먹는 것들뿐이다. 희망이 낙관적 기대에 부합하지 않는 것을 지워버린다면, 걱정은 불길한 예감을 떨치게 해줄 모든 것을 부인한다.

물론 신중함과 주의 깊음 그리고 다른 사람들에 대한 보살핌과 관련한 타당한 걱정도 있다. 하지만 여기서 말하는 걱정은 자기 자신을 갉아먹는 걱정, 분명히 보이고 아는 것마저 부인하는 걱정이다. 그러한 걱정은 질문을 허용하지 않고, 자신을 반박하는 것은 모조리 지워버린다. 또한 사랑과 희망이 그렇듯이 그런 걱정도 세상의 특정한 부분에만 시선을 맞춘다. 그 부분은 바로 다들 걱정할 만한 일이라고 추정하는 부분이다. 그러나 티타니아도 자신이 보텀을 사랑하는 이유는 제시할 수 있었지만 보텀 자체가 그 열렬한 사랑의 원인은 아니었던 것과 마찬가지로, 걱정도 전혀 걱정할 이유가 없는 것을 대상으로 삼을 수 있다. 걱정의 대상이 반드시 그 원인과 일치하는 것은 아니며, 또한 걱정의 대상은 때로 걱정하기에 **적합한** 것처럼 만들어지기도 한다.

지구가 원반 모양이라고 생각하는 사람은 아마도 **추락할** 것이라는 끔찍한 걱정에 사로잡힐 것이다. 심연에 대한 이러한 걱정에는 전적으로 합리적인 근거를 댈 수 있다. 지구가 원반 모양이라면 어딘가에는 가장자리가 있을 테고 거기서 낭떠러지로 떨어질 수 있으니 말이다. 가장자리를 심연과 연결 지어 생각하고, 그것에 두려움을 갖는 것은 지극히 온당한 일이다. 지구가 원반 모양이라고 생각해 걱정하면서 살아가는 사람은 마치 심연이라는 위험이 존재하지 않는 것처럼 침착함을 유지하며 태평하게 살아가는 사람들을 이해하지 못한다. 누구라도 가장자리에서 떨어질 수 있다고 걱정하는 사람은 왜 사람들이 그러한 위험에 대해 아무런 대책도 세우지 않는지 이해할 수 없다. 현실을 직시하지 못하고 상황에 무지한 정치가들 때문에, 시민을 보호하는 일에 적극적으로 나서지 않고 그 심연 앞에 안전지대를 설치하지도 않으며 심지어 심연 같은 것은 잘 보이지도 않는다고 주장하는 정치가들 때문에 그들은 절망한다. 이 논리는 그 자체로 완벽하게 정합적이다. 지구가 원반 모양이 **아니**라는 사실만 제외하면 말이다.

그 원인, 그러니까 실제로 걱정을 초래한 동기는 너무 거대하거나 모호해서 파악하기 어려운 건지도 모른다. 혹은 걱정을 유발하는 근원이란 것은 원래 **포착할** 수 없는 것인지도 모른다. 걱정하는 사람은 불안에 휩싸이게 되고 불안은 사람을 마비시키기 때문이다. 그럴 때 걱정은 좀 더 다루기 쉬운 다른 대상, 초점을 분명히 맞출 수 있으며 무력감을 느끼게 하지 않고 뭔가 행동할 수 있게 해줄 대상을 찾는다. 일시적이라도 말이다. 그러면 그 위협적이고 조마조마한 현상을 잠시나마 잠재울 수 있거나, 좀 더 쉽게 극복할 수 있는 다른 현상으로 대체할 수 있다.

때때로 걱정은 터무니없을 정도로 과대평가되기도 한다. 걱정은 정당한 불쾌감을 드러내는 일이며, 이는 정치적으로 진지하게 받아들여야 할 일이지 결코 비판받을 일이 아니라는 주장이다. 마치 걸러지지 않은 감정은 그 자체로 다 정당하다는 듯이 말이다. 반성 없는 날것의 감정들에도 나름의 타당성이 있다는 듯이. 감정은 느끼기만 하는 것이 아니라 무조건 아무 제재 없이 공개적으로 노출하고 표현해야만 한다는 듯이. 이리저리 따져보고 심사숙고하고 의심해보는 일은 모두 자신의 욕구를 만족시키는 일에서 본인의 감정이나 신념을 가당찮게 제한하는 일이라는 듯이. 이렇게 걱정은 고유한 권위를 지닌 하나의 정치적 범주로 격상된다.

물론 공적으로 논쟁할 수 있는 사회적, 정치적, 경제적 근심들이 분명히 있다. 다른 사람들에 비해 잘 보호받지 못하고 피해 입기 쉬우며 더 주변부로 내몰린 사람들이 사회적 불평등의 악화와 불확실한 자녀들의 발전 기회, 기초자치단체의 부족한 재정과 공공기관의 태만함이 심화되는 것을 걱정하는 것은 마땅한 일이다. 그리고 자신의 정치적, 사회적 의혹과 곤경을 어디서 어떻게 표현하고 호소할 수 있을까 하는 정당한 질문들도 물론 있다. 나 역시 이민자들에 대한 정치권의 반응과 관련해 몇 가지 걱정을 안고 있다.

이를테면 오늘날 외진 지역에 적은 비용으로 대충 날림으로 짓고 있는 집단숙소들은 머지않아 문화적, 사회적 '빈민가'로 전락할 것이 뻔한데, 이 근시안적인 주택정책을 어떻게 저지할 수 있을 것인가. 노동시장에서 필요한 젊은이들만이 아니라 어머니들, 그러니까 자식과 손자를 양육할 때 본보기로서 사용할 언어, 관공서의 언어, 자신을 둘러싼 세계의 언어를 구사할 수 있어야 하는 어머니들까지 포함하는 교육정책은 어떻게 세울 수 있을 것인가. 점점 확대되는 인종주의와 폭력으로부터 난민들을 어떻게 보호할 수 있을 것인가. 그리고 서로 이질적인 여러 주변 집단들 사이에서도 고통과 가난의 서열화가 발생하고 있는 현상은 어떻게 막을 수 있을 것인가. 또한 다른 민족을 배제하지 않는 민족사를 포함하는 기억의 문화Erinnerungskultur는 어떻게 세울 수 있을 것인가. 어떻게 하면 홀로코스트에 대한 관련성을 잊지 않으면서 과거의 이야기를 시작하고 확장할 수 있을까. 이 모든 걱정이 얼마나 불가피한 것인지는 나도 확실히 말할 수 없다. 하지만 이 문제들에 대해 공적으로 논의하고 합리적인 비판으로 논쟁해볼 수는 있을 것이다.

한편 '걱정하는 시민들besorgte Bürger'*이라는 표현은 그렇게 걱정하는 합리적 근거가 뭐냐는 질문을 회피하기 위한 논증의 방패 역할을 한다. 걱정이란 것은 근거가 있을 수도 없을 수도 있고, 적절하거나 부적절할 수도 있으며, 합리적일 수도 과도할 수도 있는 감정에 지나지 않는다. 그런데 그들

• 난민 유입과 포용에 반대하며 시위하는 세력이 스스로를 이렇게 일컫는다.

은 이 모든 점을 인정하지 않고 마치 걱정한다는 사실 자체가 공적 논의에서 설득력을 보장한다고 여기는 모양이다. 사랑이나 희망이 그런 것처럼 걱정에 대해서도 무엇에 관련된 것인지, 무엇 때문에 촉발되었는지, 원인과 대상이 일치하는지 물어야 하는데 아무것도 물어서는 안 된다고 생떼를 쓰는 격이다. 괴테가 『파우스트』에서 묘사한 근심의 힘, 즉 근심에 장악된 사람의 시야를 흐리고 모든 안정적인 것과 확실한 것, 모든 행복과 안녕을 보지 못하게 만드는 그런 힘을 부정하듯이 말이다.

물론 이때 걱정하는 사람들을 폄하해서는 안 된다. 하지만 그들이 말하는 걱정이라는 것을 엄밀히 성찰하고 어떤 요소들이 그 걱정을 이루고 있는지 분석해보아야 한다. 또한 걱정하는 사람들은 철학자 마사 누스바움Martha Nussbaum이 '투사적 혐오projective disgust'라고 말한 것, 즉 단순히 자신을 보호해야 한다는 핑계로 다른 사람들을 거부하는 것과 걱정은 분명히 다르다는 것을 알아야 한다.[5] 걱정 외에도 사회의 전반적 공감능력을 저해하는 다양한 감정적 힘들이 다수 존재한다. 누스바움은 분노와 투사적 혐오뿐 아니라 나치즘도 그런 감정들 중 하나라고 본다.

오늘날 '걱정하는 시민들'이라는 표현을 쓰는 사람은 자신들이 정치적이나 도덕적으로 비판받을 만한 소지를 모두 미리 파악해 방어하고자 한다. 그들은 '걱정하는 시민들'이 인종주의자나 극우주의자와는 전혀 다른 말이라고 주장한다. 자신이 인종주의자이기를 원하는 사람은 아무도 없다. 인종주의자조차도 인종주의자이기를 원하지는 않는다(이제는 어쩌면 인종주의자라는 말이 지시하는 내용 자체는 그렇게 기피의 대상이 아닐지도 모르지만). 적어도 인종주의자라는 명칭 자체는 아직도 사회에서 금기시하기 때문이다. 이럴 때 걱정은 본심을 은폐하는 감정으로서 유용하다. 걱정은 때때로 그 안에 깃든 외국인혐오를 외피처럼 감싸 그에 대한 비판을 막아낸다. 이렇게 금기는 실현되는 동시에 전복되고, 외국인혐오에 대한 사회적 거부는 확인되는 동시에 의문시된다. 속에는 혐오와 원한과 경멸을 품고 있으면서도 겉으로는 걱정이라는 모습을 띰으로써 용인할 수 있는 한계점의 위치를 옮겨놓는 것이다.

'걱정하는 시민들'은 이민자를 증오하거나 무슬림을 악마시하거나 자신과 모습이나 사랑하는 방식이나 종교나 사상이 다른 사람들을 극도로 기피하고 열등하다고 생각하면서도, 이 모든 확신이나 감정을 다른 사람이 침해할 수 없는 것으로 여기는 '걱정'으로 위장한다. '걱정하는 시민들'은 침해할 수 없는 존재라는 것이 암묵적으로 전제된다. 그렇다면 그런 식의 '걱정'은 왜 도덕적으로 비난받아서는 안 될까? 한 사회 안에서는 정말 모든 것이 허용되어야만 하는 걸까? 어떤 기준이든 개개인의 자유로운 자기중심성을 제한할 수 있으므로 용인할 수 있는 것과 없는 것에 관한 기준조차도 존재해서는 안 된다는 것인가?

'걱정하는 시민들'이라는 말이 그 표현 뒤에 숨는 사람들, 그러니까 〈페기다PEGIDA〉*와 〈독일을 위한 대안AfD〉**의 지지자들만을 지칭하는 것은 아니다. 그러한 감정의 기묘한 미화에 일조하고 있는 언론인도 많다. 그들이 해야 할 일은 걱정의 원인과 대상을 냉철하고 정교하게 분석하는 일이다. 원인을 밝혀 정당화할 수 있는 걱정은 정당화하고, 사실적이고 실제적인 근거가 없는 걱정은 비판하는 것이다. 언론인의 임무는 모든 사안에서 독자들에게 동조하거나 크고 작은 모든 사회운동에 몸소 동참하는 것이 아니라 그러한 운동들의 동기와 주장, 전략, 방법을 분석하고 필요한 경우에는 비판적으로

---

* 서양의 이슬람화를 반대하는 애국 유럽인(Patriotische Europäer gegen die Islamisierung des Abendlandes), 극우민족주의 정치단체.

** Alternative für Deutschland, 2013년에 창당한 우익대중주의 정당.

해설하는 것이다.

'걱정'이라는 외피에 감싸인 증오가 혹시 공권이 박탈되고 주변화된, 정치적 대표성이 결여된 이들이 자신들의 자리를 지켜내기 위한 몸부림이나 배출구는 아닌지도 반드시 생각해보아야 한다. 현재 여러 곳에서 혐오발언과 증오 그리고 폭력으로 터져 나오는 그 에너지들이 어디서 발생한 것인지 그 근원도 냉철하게 추적해볼 필요가 있다. 나아가 각각의 집단들도 자기 비판적으로 질문해보아야 한다. 혐오와 증오, 정체성의 광신주의로는 결코 해결할 수 없는 저 피해들을 왜 더 일찍 알아차리지 못했는지를. 어떤 이데올로기적 가림막이 사회의 불평등에 대한 불만을 알아차리지 못하도록 막고 있었는지를.

이와 관련해 가장 그럴듯해 보이는 견해는 디디에 에리봉 Didier Eribon이 장 폴 사르트르Jean Paul Sartre를 계승해 내놓은 것으로, 유난히 부정적인 경험을 통해 형성된 집단과 환경은 광신과 인종주의로 기울기 쉽다는 성찰이다. 사르트르는 제한적이고 불리한 환경에 수동적이고 무반성적으로 적응하는 과정을 통해 형성되는 특정한 집단들이 있다고 지적했다. 그러한 집단들을 결속하는 것은 사회적 현실에 대한 무력감이지, 사명이나 이상에 대한 자각적이고 능동적인 동일시 감정이 아니라는 것이다.[6] 에리봉이 주목한 것은 구체적으로 프랑스 노동계급이 〈**국민전선**Front National〉*에 동조하는 경향이었다. 그러나 자각적인 정치적 의도보다는 부정적인 물질적 경험들(또는 목적들)에 더 영향을 받아 형성되는 집단과 운동의 발생을 구조적으로 분석했다는 점에서 그의 통찰을 다른 맥락과 환경에 적용해봐도 흥미로울 것 같다. 인종주의나 광신주의는 실제로 각 개인들을 결속시킬 수 있는 뭔가를 공동체 형성의 근거로 내세운다. "집단 동원력이 부족하고 자신들 스스로가 동원 가능한 단결된 집단이라는 자의식이 없기 때문에 결국 사회적 범주 대신 인종적 범주에 의존하게 되는 것이다."[7]

그렇다면 인종주의와 민족주의의 틀을 전복하고 (또한 그럼으로써 그 틀에 예속되어 있는 이들을 보호하고) 그런 다음에는 간과했거나 무시한 탓에 던지지 못했던 사회적 질문들을 제기해야 한다. 광신적이고 편협한 독단론자들에게서 전형적으로 나타나는 가장 심각한 문제는, 실제로 정당한 정치적 불만을 일으키는 문제들 자체는 전혀 다루지 않는다는 점이다.

---

* 1972년 장 마리 르 펜(Jean-Marie Le Pen)이 이민자 반대, 인종차별 철폐 반대 등을 기치로 내세우며 창당한 민족주의 극우정당. 그의 딸이자 현재 당수인 마린 르 펜(Marine Le Pen)은 2017년 대통령선거에서 결선투표까지 올라갔으나 마크롱(Emmanuel Macron)에게 패했다.

"걱정에 도사린 위험은 문제의 해결책을 찾는 척하면서 오히려 그 문제가 해결되는 것을 가로막는 것이다."[8]

*

증오
- 집단에 대한 적대감

"기괴함과 비가시성은
타자의 두 아종亞種이다."

- 일레인 스캐리Elaine Scarry,
「타자를 상상하는 일의 어려움The Difficulty of Imagining Other People」

도대체 그들은 무엇을 보고 있는가? 나에게는 보이지 않고 그들에게만 보이는 것은 무엇인가? 짧은 동영상이 하나 있다. 너무 짧다고 할 수도 있다. 하지만 보고 또 보고 다시 봐도 도저히 이해가 안 된다. 어둠이 화면의 가장자리를 에워싸고 있고, 가운데에는 '라이제게누스ReiseGenuss*'라고 쓰인 연두색 전광판이 보인다. 왼쪽에는 아마도 버스의 백미러인 듯한 노란색 각진 뭔가가 보이고, 화면 앞쪽에는 바깥에 서 있는 사람들의 뒤통수만 보인다. 그들은 엄지를 위로 검지를 앞

---

* '여행의 즐거움'이라는 뜻으로 지역 여행사의 이름이다.

으로 내민 채 버스 안 승객들을 향해 팔을 뻗으며 큰 소리로 구호를 외친다. "우리가 이 나라의 국민이다!Wir sind das Volk"• 동영상의 처음부터 끝까지 그들의 앞모습은 한 번도 보이지 않는다. 그들은 그저 손의 움직임과 집단적 구호로만 존재한 다. 마치 그 동작과 구호만이 그들 자신을, 그리고 타인에 대 한 그들의 증오를 해명해주기라도 하는 것처럼. "우리가 국 민이다"라는 역사적인 구호••가 지금 여기 작센Sachsen에서 의미하는 바는 이렇다. "너희는 이 나라의 국민이 아니다", "여기에 누가 속할 수 있고 누가 속할 수 없는지는 우리가 결 정한다."9

그들은 대체 자기 앞에 있는 무엇을 또는 누구를 보고 있 는 것일까?

카메라가 좀 더 버스의 앞창 쪽으로 줌인해 내부를 들여다 보자 버스 앞쪽에 앉거나 서 있는 일곱 명의 모습이 보인다. 오른쪽에는 야구모자를 깊이 눌러 쓴 무기력해 보이는 버스 운전사가 보이고, 왼쪽 제일 앞 좌석에는 젊은 여성 둘이 앉

• 'Volk'는 문맥에 따라 민족, 국민, 인민으로 옮겼다.
•• 1989~1991년 사이 자유와 민주화를 요구하던 동독 시민들이 매주 월요일마다 시위를 벌여 독일 통일의 기반을 다졌다. "Wir sind das Volk"는 바로 당시 시위대가 외쳤던 구호다.

아 있다. 복도에는 두 남자가 고함치는 바깥의 무리에게 등을 보인 채 아마도 놀라서 긴장한 난민들을 달래고 있는 듯하다. 그중 한 사람은 아이 한 명을 끌어안고 있다. 남자의 등을 꽉 붙들고 있는 야윈 두 손 외에 아이의 모습은 보이지 않는다.

　그들은 얼마나 오랫동안 거기 앉아 있었던 것일까? 버스는 얼마나 오랫동안 앞으로 나아가지 못하고 붙잡혀 있었을까? 거기서 소리를 지르며 버스가 지나가지 못하게 막고 있는 사람들과 그들은 서로 대화를 나눠보기는 했을까? 그 영상만으로는 이 질문들의 답을 전혀 알 수 없다. 베이지색 머릿수건을 쓴 나이 든 한 여성은 복도에 서서 고함을 지르는 버스 앞 무리를 쳐다보다가 몹시 분개한 모습으로 소리 지르는 이들 쪽을 향해 침을 뱉는다. 아니 어쩌면 침을 뱉는 시늉만 한 것인지도 모른다. 바깥의 무리가 "우리가 국민이다"라는 구호로 "너희는 외국인이다", "너희는 여기에 속한 자들이 아니다", "너희는 다시 돌아가야 한다"라는 의사를 표시한 것처럼, 그 여인의 침 뱉기 역시 일종의 이의제기로 이런 의미를 표현한다. "아니, 우리는 이런 모욕을 당할 이유가 없다", "아니, 그런 식의 행동은 온당하지 않다", "아니, 대체 어떤 국민이 그런 식으로 행동한단 말인가?"[10]

　그러다가 남자에게 안겨 있던 아이가 그 품에서 나오고,

그때 처음으로 파란 후드점퍼를 입은 소년의 모습이 보인다. 아이는 울고 있는 듯 찡그린 얼굴로 밖의 무리를 쳐다보는데, 그들의 언어는 이해하지 못해도 몸짓은 아주 분명히 이해했을 것이다. 거기서 아이는 버스 밖으로 나와야한다는 요구를 받았다. 아이는 "꺼져……, 꺼져……!" 하는 외침이 진동하는 어둠 속으로 버스 앞문을 통해 누군가에게 끌려나온다. 이제 버스 안에서는 막혀 있던 시야가 걷히면서 첫줄에 앉은 두 여인의 모습이 보인다. 둘은 서로 어깨를 끌어안은 채 한 사람은 눈물을 훔치고 있고 다른 사람은 그녀의 어깨에 머리를 묻고 있다.

그들은 무엇을 보고 있었을까? 바깥에 서서 고함을 지르는 자들일까? 클라우스니츠Clausnitz에서 일어난 일을 담은 이 동영상은 큰 논란을 일으켰고 수많은 사람들이 댓글을 달았다. 거의 모든 사람이 충격에 휩싸였고 격분했다. '수치', '폭도' 같은 단어들이 등장했지만, 대부분은 말로든 글로든 그 사건에 대해 거리를 두려고 했다. 처음에 나는 어리둥절했다. 충격보다 이해할 수 없다는 생각이 앞섰다. 어떻게 저런 일이 **일어날** 수 있지? 울고 있는 아이와 버스 앞줄에 앉은 겁에 질린 두 여성을 보면서 어떻게 "꺼져"라고 고함칠 수 있지? 그들은 겁먹은 사람들을 보면서도 두려움도 사람도 인지하지 못한다. 엄연히 보이는 것들을 지워버리거나 흐리게 만드는 기술이라도 있는 걸까? 어떤 이데올로기적, 감정적, 심리적 전제가 있어야 사람을 사람으로 보지 못하는 이런 시선을 갖게 되는 것일까?

클라우스니츠 사건에서 사람들은 단순히 보이지 않게 된 것이 아니다. 버스에 타고 있던 난민들은 클라우디아 랭킨의 시에 등장하는 소년처럼 못 보고 지나치거나 무시된 정도가 아니라, 증오해 마땅한 사람들로 인식되었다. 아우렐 콜나이 Aurel Kolnai는 적대적 감정을 분석한 책에서 이렇게 썼다. "증오는 대상을 전적으로 진지하게 받아들인다는 것을 전제한다. 즉, 그 대상은 어떤 식으로든 객관적으로 의미 있고 중요하며 위험하고 강력한 존재여야 한다."[11] 그렇게 보면 "우리가 국민이다"라는 구호는 엄밀히 말해 불충분하다. 이른바 어떤 민족은 국민에 속하고 다른 민족은 속하지 않는다는 문제가 아니기 때문이다. 그런 문제였다면 별 의미도 없었을 것이다. 그러면 새로 들어온 사람들은 중요하지 않은 존재라며 무시하고 넘어갈 수 있었을 것이다. 그리고 '그 국민들' 역시 그날 저녁 그냥 집에 남아 있으면서 더 중요한 다른 일에 관심을 돌릴 수 있었을 것이다. 그날 그곳에서 일어난 것은 그와는 성격이 다른 일이었다.

그날 버스에 탄 난민들은 한편으로 개개인으로서는 **보이지 않는** 존재가 되었다. 보편적인 '우리'의 일부로 받아들여지지 않았고, 각자 특유한 개인사와 경험, 특징을 지닌 인간 존재임을 부정당했다. 그러나 동시에 그들은 타자로, '우리가 아닌 자들'로 규정됨으로써 **보이는** 존재가 되었다. 섬뜩하고 혐오스럽고 위험한 집단이라고 낙인찍을 수 있는 특징들이 그들에게 투사된 것이다. 일레인 스캐리는 "기괴함과 비가시성은 타자의 두 아종"이라고 쓴 바 있다. "기괴함은 지나치게 가시적이어서 주의를 기울이는 시선조차 돌리게 만들며, 비가시성은 주의를 기울일 가능성조차 차단해 아예 처음부터 존재하지 않는 것과 다름없게 한다."[12]

클라우스니츠 사건 현장에서 분출된 것은 강렬한 증오였고, 증오를 느끼려면 우선 증오의 대상이 실존적으로 중요하며 괴물 같은 존재로 여겨져야만 한다. 그러려면 먼저 실제의 권력구도를 임의로 뒤집어야만 한다. 막 도착한 난민들이 명백히 아무 힘도 없어 보이고, 탈출하는 과정에서 간신히 지켜낸 비닐봉지나 배낭에 든 것 외에는 아무것도 가진 것이 없으며, 이곳에서 자신들의 뜻을 밝히거나 변호할 수 있는 언어도 알지 못하고, 이제는 집도 없는 신세가 되었다고 해도 엄청난 위협을 가할 수 있는 존재로 규정되어야만 했다. 그래야

자기 자신을 이른바 무력한 존재라고 하는 저들이 스스로 정당한 방어를 했다고 주장할 수 있을 테니까.

동영상에서 버스를 둘러싸고 있는 사람들은 세 부류다. 구호를 외치고 고함을 지르는 이들, 그들을 쳐다보고 있는 이들, 그리고 경찰관들이다.

첫째 부류: 버스 앞에서 구호를 외치던 남자들에 대해서는 지금까지도 거의 알려진 바가 없다. 때로는 '폭도'로 때로는 '하층민들'로 때로는 '무뢰한들'로 불리는 응집력 없는 무리로만 알려져 있을 뿐이다. 나에게는 이 모든 표현이 뭔가 이상해 보인다. 사람들을 사람들이라고 비난한다는 것은 뭔가 어색하다.[13] 우리는 그들의 나이가 얼마인지 학교는 어디까지 마쳤는지 사회적, 경제적 배경이 어떤지도 모르며 직업이 있는지 없는지 자신들이 사는 지역에서 한 번이라도 난민을 만나본 적이 있는지도 모른다. 여기서 나는 증오를 표출하는 그 사람들이 살아온 이력에는 별 관심이 없다. 그들이 개인적으로 '우파'인지 정치조직이나 정당과 연계되어 있는지, 〈독일을 위한 대안〉에 동조하는 이들인지 아니면 '좌파'인지, 〈작센블루트Sachsenblut〉나 〈킬루미나티Killuminati〉*의 음악을 듣는지 아니면 헬레네 피셔Helene Fischer**의 노래를 듣는지도

관심 없다. 사건 직후 작센 경찰은 클라우스니츠의 난민숙소 앞에서 시위를 벌인 이들은 대부분 그 지역 거주자들로 약 100명 정도였다고 밝혔다.

내 관심을 끈 것은 그 사람들이 한 말과 행동, 그들의 **행위**다. 그런 의미에서 앞으로는 그들을 증오하는 사람들, 고함치는 사람들, 시위하는 사람들, 비방하는 사람들이라고 부를 것이다. 사람이 아니라 행위를 관찰하고 비판하면 사람들이 자신과 자신의 행위를 분리할 수 있고, 그러면 스스로 달라질 수 있는 가능성이 열린다. 이러한 관점은 개인이나 무리 전체를 비판하는 것이 아니라, 그들이 **구체적인** 상황에서 말하고 행하는 바를 (그럼으로써 야기하는 결과를) 비판한다. 그런 식으로 바라보는 것은 그 사람들이 다른 상황에 처하면 다르게 행동할 수도 있다는 가능성도 인정한다. 그러므로 내가 관심을 갖는 지점은 이것이다. 무엇이 그들을 이렇게 행동하도록 이끌었는가? 그들이 사용한 언어는 어디서 기원했는가? 이러한 행동 이전에 어떤 선행사건이 있었는가? 난민을 그들처럼 보는 관점에는 어떤 해석의 틀이 전제되어 있는가?

---

* 작센블루트는 '작센의 피' 킬루미나티는 '예지자를 죽여라'라는 뜻으로, 극우 민족주의 성향의 음악을 하는 밴드들.
** 러시아계 독일인으로 인기 대중음악 가수.

'되벨른은 스스로 방어한다―과도한 이국화를 반대하는 나의 목소리Döbeln wehrt sich – meine Stimme gegen Überfremdung'[14]라는 제목의 페이스북Facebook 페이지에 최초로 게재된 이 클라우스니츠 동영상은 난민 수송과 관련된 11장의 사진과 다수의 논평이 이어진 연속 포스트 사이에서 정점을 찍고 있는 듯했다.[15] 그 사진들을 누가 언제 촬영한 것인지에 관한 정보는 없었다. 여러 다른 버스들이 찍힌 걸 보니 난민숙소를 들고 나는 버스들을 기록한 것 같았다. 첫째 사진에는 어두운 풍경이 담겨 있었다. 사진 중앙에는 공업지대로 보이는 텅 빈 거리가 있고, 왼쪽 가장자리에는 건물 두 채와 어떤 건물을 끼고 막 좌회전을 하고 있는 흰 버스의 절반 정도가 보였다. 사진의 제목으로는 "고요하고 은밀하게 되벨른으로"라고 적혀 있고, 거기에 "6시가 조금 지난 시간, 오토리브autoliv로 강탈과 절도 전문가들이 실려옴"이라는 설명이 붙어 있다.

저 문장에 등장하는 '오토리브'는 2년 전 되벨른 소재 공장의 운영을 중단한 스웨덴의 자동차 안전용품 생산회사 오토리브의 공장건물을 일컫는다. 오토리브는 1991년부터 되벨른에서 안전벨트와 높이조절 장치, 벨트버클을 생산해왔다. 그러다 원래 500명이었던 직원을 차츰 246명까지 줄이더니, 2014년에는 되벨른에 있는 공장 가동을 완전히 멈추고 동유럽으로 생산지를 옮겼다.[16] 비어 있던 공장 건물은 부지 소유주와 협상해 2015년 말에 난민들을 위한 공공수용시설 400군데 중 하나로 용도가 변경되었다. 그런데 이 얼마나 얼토당토않은 전가인가. 공장을 닫아버린 기업에 대한 분노를 당사자에게 표출할 수 없게 되자 그들의 빈 공간에 들어온 사람들에게 분노의 화살을 돌린 것이 아닌가? 공장을 비워버린 사람들이 아니라 사용되지 않던 공장건물을 필요로 하는 사람들이 분노의 표적이 된 것이다. 오토리브의 경영자가 아니라 잉여 상태가 된 건물로 들어갈 수밖에 없는 처지의 사람들을 '강탈과 절도 전문가들'이라고 비방할 수 있단 말인가?

또 다른 사진에는 '라이제게누스'라고 적힌 버스의 뒷모습만 보인다. 라이제게누스는 그 지역 여행사로 회사 홈페이지에 나온 설명에 따르면 그 '여행의 즐거움'이란 "유쾌한 사람들과 함께 휴가를 보내거나 오래된 친지를 방문하거나 좋은 사람들을 만나게 되는 것"을 뜻한다. 2016년 2월 18일에 '라이제게누스' 버스를 타고 온 난민들이 만나게 된 '좋은 사람들'이 어떤 사람들이었는지는 또 다른 사진을 보면 알 수 있다. 그 사진에는 승용차 한 대가 버스가 앞으로 나가지 못하도록 가로막은 채 비스듬히 서 있다.[17] 또 다른 사진에는 전면에 "우리의 나라-우리의 규칙은-고향-자유-전통"이라는 현수막을 건 트랙터 한 대가 보인다. 이 말은 좀 우스운 것이 '고향'이라는 개념에서도 '자유'나 '전통'이라는 개념에서도 이끌어낼 수 있는 규칙은 없기 때문이다. 게다가 '자유'와 '전통'은 서로 모순관계일 수도 있다.

이 일련의 사진과 동영상은 난민들을 태운 버스가 마치 한 마리 짐승처럼 쫓기다가 결국 붙잡히는 일종의 '사냥' 이야기처럼 구성되어 있다. 그 페이스북 페이지의 운영자와 게시자들은 그런 식의 서사방식을 전혀 불편해하지 않고(그러니 그런 식으로 기록하고 게시했을 것이다) 그 사냥에 참여한 사람들도 자신의 행위가 정당하다고 느끼는 게 분명했다. 그들은 두 시간 넘게 버스 한 대를 가로막고 서서 아이들과 여자들을 위협하고 협박한 자신들의 행위에 일말의 회의도 품지 않았다. 오히려 그 사냥꾼들은 무력한 사냥감 앞에서 맹렬한 분노와 자부심을 동시에 펼쳐 보이며 이야기의 결말을 장식했다.

사람들이 추적과 봉쇄의 이야기에서 큰 흥미를 느끼는 것은 위험하다고 추정되는 대상에 가까이 가보고 싶어 하는 바람이 있기 때문이다. 버스는 한 대가 아니었다. 되벨른에서 촬영된 첫 번째 버스 사진이 있고 클라우스니츠에서 멈춰 세워진 버스도 있었다. 그러나 그 장면들은 난민수송을 사진에 담아 격분의 대상으로 삼았다는("고요하고 은밀하게 되벨른으로") 점에서 하나로 묶을 수 있다. 클라우스니츠에서 버스를 멈춰 세운 이들이 언제부터 거기서 대기하고 있었는지, 또 누가 그들에게 정보를 제공했는지는 분명히 알 수 없다. 확실한 것은 버스를 막아섰던 이들이 모두 명백하게 충돌 상황을 원했다는 것이다. 즉, 말로는 난민들을 두려워한다고 주장하면서도, 그들은 난민들을 **회피**하거나 그들에게 혐오나 역겨움을 느낀 것이 아니다. 오히려 정반대다. 그들은 난민들을 찾으러 쫓아갔고 붙잡아 세웠다. 흔히 주장하는 것처럼 두려움이나 걱정이 그들이 시위를 벌인 결정적 동기였다면 그렇게 난민들에게 **가까이** 가려고 노력하지 않았을 것이다. 두려움에 휩싸인 사람은 자기가 두려워하는 위험 요소로부터 최대한 멀찍이 거리를 두려고 한다. 반면 증오는 그 대상을 그냥 피해가거나 그로부터 거리를 두지 못하고, 그 대상을 '파괴'할 수 있도록 손에 닿을 만큼 가까이 가고자 한다.[18]

둘째 부류: 클라우스니츠에서 버스 주변에 모여 있던 또 다른 부류는 구경꾼들이다. 그들은 위에서 말한 이들처럼 증오로 가득 차 있지는 않았다. 아마도 거기에는 단지 물의를 일으키는 사건을 구경하는 재미에 찾아온 사람들도 있었을 것이고, 도발적인 사건을 잠시 지루한 일상에서 벗어나게 해줄

단순한 오락거리로 여겨 찾아온 이들도 있었을 것이다. 또한 스스로 고함을 지르지는 않고 그저 고함을 지르는 다른 사람들을 놀라워하며 바라보는 별생각 없는 사람들도 있었을 것이다. 그들은 스스로 자제력을 잃은 모습을 보이는 것보다는 다른 사람들이 자제력을 잃은 모습에서 더 큰 포르노그래피적 희열을 느끼는 이들이다. 그 사진들에는 이런 '참여하고 있는 비참여자들'의 모습도 담겨 있다. 그들은 주변에 둘러서서 고함치는 자들을 위한 연단을 만들어주고, 그자들이 스스로 '국민'이라고 주장하는 것을 관심 있게 보고 듣는 관객이 되어준다.

구경거리가 될 만한 것에는 그 장면이 영향력을 발휘하게 해주는 두 가지 요소가 있다. 우선 구경거리가 구경할 만한 것이 되려면 선동이 과격해질수록 더 큰 규모의 관객이 있어야 한다. 또한 스스로 저항할 능력이 없는 피해자들도 자신을 모욕하는 그 극에서 피해자 역할을 맡아주어야 한다. 구경거리에서 피해자들은 공포에 사로잡히는 것으로 끝나지 않는다. 그들은 자신들을 오락거리로만 여기는 관중 앞에 고스란히 노출된다. 군중이 좋아하는 구경거리에는 나름의 전통이 있다. 주변화된 사람들을 명시적이고 공개적으로 모욕하는 것, 방어능력이 없는 사람들을 괴롭히거나 린치를 가하고 그들의 집과 일터를 훼손하거나 파괴함으로써 자신의 힘을 과시하는 것이 그 오래된 기법이다. 클라우스니츠에서 일어난 그 사건은 특정한 종교, 특정한 피부색, 특정한 섹슈얼리티를 지닌 사람들에게 그들이 안전하지 않다는 것을, 언제라도 위해를 당할 수 있다는 것을 보여줌으로써 구경거리가 된 테러의 역사에서 한 페이지를 차지했다.

동영상을 반복해서 볼수록 버스 바로 앞에서 고함을 지르는 무리보다 그 구경꾼들이 더 의아해졌다. 저 구경꾼들은 도대체 무엇을 하고 있는가? 주변에 서 있던 이들은 왜 아무도 상황에 개입하지 않는가? 왜 그들은 구호를 외치는 남자들에게 다가가 그들을 진정시키려고 하지 않는가? 왜 그들은 자신들도 할 수 있는 행동을 경찰에게만 맡겨두는가? 그들은 이웃이고 지인이고 클라우스니츠의 주민들로 학교에서 직장에서 길을 오가면서 서로 아는 사이일 것이다. 그중에는 그곳에 온 지 얼마 안 된 사람도 있겠지만, 그래도 많은 이들은 서로 아는 사이다. 왜 아무도 다가가 이렇게 말하지 않는가. "이봐요, 이제 충분한 것 같은데요?" 축구팀 안에서라도 그런 일은 언제든 가능하다. 왜 아무도 "이제 돌아갑시다"라고 말하지 않는가? 아무도 그럴 용기가 없는 것 같다. 분위기가 너무 격양되어서 그랬을까? 아마도 그 군중이 너무 격분해 있어서 그들을 비판하는 것은, 어쩌면 말을 거는 것 자체만으로도 무척 위험한 일이었는지도 모른다.

그렇다면 지켜보던 그 남자와 여자 들은 왜 거기 계속 머물러 있었는가? 왜 그들은 집으로 돌아가지 않았을까? 계속해서 관중으로 남아 있음으로써 그들은 버스 안에서 내다보는 이들의 눈에 바깥의 화난 무리의 규모가 더 커 보이게 했을 뿐이다. 그 자리에 남아서 멍하니 지켜보던 사람들은 증오를 발산하는 무리의 목소리를 더욱 증폭시키는 역할을 했다. 아마 본인들도 그런 점은 생각하지 못했을 것이다. 어쩌면 그들은 자신의 행동이 다른 사람들에게 아무 영향도 미치지 않을 것이라고 생각하고 싶었을지도 모른다. 그들은 모든 일이 끝나고 나서야 불편함을 느꼈던 것 같다. 그렇다면 뒤늦게라도 그들은, 지켜보던 사람들은 모두 그 자리를 떠났어야 했고 그럼으로써 "그런 일에 내 이름을 보태지는 않겠다"는 뜻을 표현했어야 하는 게 아닌지 돌아보았어야 한다. 그들 한 사람 한 사람 누구나 '저런 사람들은 나의 동족이 아니'라고, 또는 저런 것은 나의 언어도, 나의 몸짓도, 나의 태도도 아니라고 충분히 표현할 수 있었을 것이다. 그것은 그렇게 큰 용기가 필요한 일도 아니다. 어느 정도의 온전한 판단력만 있으면 충분하다.

셋째 부류: "분노는 눈에 띄지만 방어능력이 없는 이들을 향해 분출된다." 막스 호르크하이머Max Horkheimer와 테오도르 아도르노Theodor W. Adorno가 『계몽의 변증법Dialektik der Aufklärung』에서 한 말이다.[19] 그 동영상에 등장하는 행위자들 중 세 번째 부류는 바로 경찰관들이다. 우선 그들이 그곳에 있다는 사실 자체는 다행스럽다. 거기에 경찰마저 없었다면 어떤 일이 벌어졌을지는 아무도 장담할 수 없다. 그 사람들의 증오는 어쩌면 난민들에 대한 폭행으로까지 번졌을지도 모른다. 그런 점에서 폭력적인 공격을 막을 수 있는 치안당국이 거기 있었다는 사실은 다행스럽고도 중요하다. 그렇지만 출동한 경찰관들도 상황을 진정시키는 데는 명백히 어려움을 겪는 듯 보였다. 왜일까? 그 점에 대해서는 짐작해볼 수밖에 없다. 버스 안에서 촬영된 영상은 없기 때문에 경찰관들이 난민들을 돕기 위해 어떤 노력을 했는지 알아볼 방법은 없다. 이후에도 그런 시도가 있었다는 이야기는 듣지 못했다. 영상에서 볼 수 있는 것이라고는 한동안 경찰관들이 성내며 소리 지르는 무리의 격앙된 행동을 무심코 지켜보기만 하는 모습, 혹은 그들을 효과적으로 저지하지 못하는 모습뿐이다. 여느 시위와 농성 현장에서 흔히 볼 수 있는, 확성기로 시위자들을 타이르는 장면조차 보이지 않았다. 위법사항이 발생할 경우에

는 인적사항을 기재하고 해산을 명하겠다고 알리지도 않았다. 그런 모습은 전혀 보이지 않는다. 오히려 경찰관들은 버스 앞에서 선동하는 자들과 구경꾼들이 아니라 난민들에게서 질서를 바로잡아야 하는 상황인 것처럼 주로 버스에 탄 난민들 쪽을 향해 서 있다. 몇몇 사진에서는 호기심 많은 이들이 버스를 에워싸고 있는 모습이 보이는데 경찰관들은 그런 사람들도 제지하지 않고 방관했다. 무기력과 속수무책의 중간쯤에서 임무를 수행하는 듯한 경찰의 이도 저도 아닌 태도는 버스를 막아선 시위자들에게 그런 행동을 **계속해도** 된다는 신호를 보낸 것과 다름없다.

물론 경찰의 입장을 고려해서 꼭 언급해야 할 점도 있다. 그 상황에는 한 가지 명백한 문제가 있었다. 버스 앞의 무리가 계속 함성을 지르고 있는 한, 난민들은 두려움 때문에 버스에서 나오지 않으려 할 것이라는 점이다. 그렇다면 경찰관들은 먼저 버스를 막아선 시위자들을 진압해 돌려보낸 다음 난민들을 차분하게 안내해 함께 버스에서 내리도록 해야 했다. 그런데 오히려 그들은 버스에 탄 난민들이 그 상황을 스스로 헤쳐 나가야 한다는 듯 단호하고 난폭하게 상황을 이끌어갔다. 결국 난민숙소에 도착하는 버스를 막아선 자들이 아니라 위협과 윽박지름을 당해 겁먹은 이들에게 질서 있게 행동하라고 요구한 것이다. 버스 안에 있던 한 소년이 그 '국민들'을 향해 가운뎃손가락을 들어 보이자, 경찰관 중 한 명은 이미 두 시간이 넘게 100명가량의 무리에게서 욕설과 위협을 들었던 어린 아이가 무슨 범죄자라도 되는 것처럼 완력으로 버스에서 끌어냈다. 어쩌면 상황을 다른 방식으로, 그러니까 겁먹은 난민들을 배려하는 입장에서 더 신속하게 해결하기 원했던 경찰관도 있었을지 모른다. 만약 그랬다고 하더라도 결국 그들은 그 뜻을 실행에 옮기지는 못했다.

*

　버스를 가로막고 요란하게 시위한 그날을 담은 여러 장의 사진을 보아도, 당시 난민들이 어떤 잘못된 행동을 했을 거라고 구체적으로 짐작할 만한 어떤 단서도 없다. 어떤 사진도 이후의 어떤 보도도, 그 난민들을 마땅히 배척해야 할 근거가 되는 배경사건이나 버스 안에 있던 특정 인물과 관련된 문제를 밝혀내지 못했다. 이 사건에서 나타난 증오는 실체적 사실을 무시하거나 심지어 뛰어넘음으로써 자체적으로 동력을 만들어냈다. 어떠한 현실적 본보기도 계기도 필요 없었다. 투사만으로 충분했다. 물론 그날의 증오는 난민들을 향했고 대상으로 삼았지만, 그 증오는 그들이 초래한 것이 아니다. 티타니아가 있는 모습 그대로가 사랑스러워서가 아니라 꽃즙의 마력에 미혹되었기 때문에 보텀을 사랑했던 것처럼, 클라우스니츠에서 버스를 막아섰던 시위자들도 난민들이 지닌 어떤 본질 때문에 그들을 증오한 것이 아니다. 존경과 인정이 타인에 대한 인식을 전제하듯이, 멸시와 증오는 대개 타인에 대한 오해를 전제로 한다. 또한 증오의 경우에는 그 감정의 원인과 대상이 반드시 일치하는 것도 아니다. 티타니아가 자신이 보텀을 사랑하는 이유를 늘어놓았듯이 클라우스니츠에서 증오를 뿜어내던 자들도 자신이 왜 난민들을 증오하는지 설명할 수 있었다. 그러나 그들이 든 근거들은 증오의 합당한 근거가 아니다. 그들은 그 난민들뿐 아니라 다른 모든 난민들에 대해서도 똑같이 '혐오스럽고', '위험하고', '역겨움을 자아내는' 몇 가지 속성들을 갖고 있다고 말했다.

그런데 어쩌다 이런 감정이 생겨난 것일까? 난민들을 '증오해 마땅하다'고 인지하게 하는 이러한 시각과 지각 패턴은 어디서 유래한 것일까?

증오란 무無에서 생겨나는 것이 아니다. 클라우스니츠나 프라이탈Freital이나 발다샤프Waldaschaff에서 생겨난 것이 아니다. 툴루즈Toulouse나 파리Paris나 올랜도Orlando에서 생겨나

지도 않았다. 퍼거슨Ferguson이나 스태튼아일랜드Staten Island
나 월러 카운티Waller County에서 생긴 것도 아니다. **분노에는
언제나 그것이 발생하고 표명되는 특정한 맥락이 있다.** 증오의
근거로 언급되는 이유들, 어떤 집단이 증오해야 '마땅하다'며
갖다대는 이유들은 누군가가 구체적인 역사적 문화적 틀 안
에서 **산출**해낸 것일 수밖에 없다. 그 이유들이 성향으로 자리
잡을 때까지 계속 반복해 거론하고 설명하고 묘사해야 한다.
셰익스피어의 비유를 이어가자면, 마력을 발휘하는 묘약도
누군가 그것을 조제한 사람이 있어야 하는 것이다. 강렬하고
열렬한 증오는 오랫동안 냉철하게 벼려온, 심지어 세대를 넘
어 전해온 관습과 신념의 결과물이다. "집단적인 증오와 멸
시 성향이 생겨나려면 (중략) 사회적으로 증오와 멸시를 당하
는 이들이 오히려 사회에 피해나 위험이나 위협을 가한다고
주장하는 이데올로기가 있어야 한다."[20]

클라우스니츠에서 증오를 일으킨 이데올로기는 클라우스
니츠 안에서만 만들어진 것이 아니다. 작센 주 안에서만 만들
어진 것도 아니다. 오히려 그것은 난민들을 원칙적으로 자신
과 동등하며 고유한 존엄을 지닌 인간으로 볼 수 없게 만드
는 모든 인터넷 포럼과 토론 포럼, 출판물, 토크쇼, 노래 가사
의 맥락에서 만들어진 것이다. 증오와 폭력을 분석하려면 그

것을 양성하고 정당화하는 모형과 패턴을 사람들에게 각인시키는 저 담론들을 눈여겨보아야 한다.[21] 클라우스니츠 동영상을 최초로 게시한 '되벨른은 스스로 방어한다'라는 페이스북 페이지도 이미 그 담론에서 한몫을 담당했다. 그 페이지는 특별히 널리 알려진 포럼은 아니지만, 버스에 탄 사람들을 **사람**으로 보지 않고 **괴물 같은** 존재로 보게 만드는 혐오와 원한, 비방의 패턴을 이미 모두 갖추고 있었다. 이는 극우단체들이나 〈페기다〉를 지지하는 단체 또는 개인의 수많은 사이트에서도 보이는 동일한 이데올로기의 한 예시일 뿐이며, 그밖에도 분석해볼 다른 예도 많다.

그 패턴들 중에서도 제일 먼저 눈에 띄는 것은 의도적으로 현실을 **협소화**하는 시각이다. 여기에서는 이주자들 개개인의 유머감각이나 음악성, 숙련된 기술 또는 지적, 예술적, 감정적 특성과 관련한 언급이나 정보나 이야기는 전혀 없다. 하다못해 이주자들 개개인이 겪은 불행이나 약점이나 편협함 등에 대한 보도도 없다. 사실상 거기에 개인은 존재하지 않는다. 오로지 전체를 대표하는 표상뿐이다. 여기서 모든 남성 무슬림 개개인과 모든 여성 무슬림(대개는 주로 무슬림 남성을 다루지만) 개개인은 전체를 대표하는 표본일 뿐이다. 이러한 목적을 위해 어떤 무슬림 또는 이주자를 도구로 삼을지는 자의적으로 선택된다. 그 집단 전체의 악함을 증명하는 사례로 활용할 수만 있다면 누구든 상관없다.

증오하는 사람들의 세계는 '미결'이라는 단어만 제외하면 〈사건번호 XY 미결Aktenzeichen XY ungelöst〉*과 비슷하다. 그 세계에서 언제나 모든 잘못은 이슬람교에 있고, 언제나 무슬림들의 이주가 문제이며, 모든 난민은 선천적으로 범죄를 저지를 소지를 타고 났다. 그들은 영원한 비상상황에 처해 있어서 개인적 행복을 누릴 여지도, 특이하거나 우스꽝스럽거나 감동적이거나 짜증스럽거나 힘든 경험을 함께할 여지도 없는 집단처럼 보인다. 그 세계에는 한마디로 정상적인 것은 존재하지 않으며, 정상이라고 주장되는 충격적인 예외만이 있을 뿐이다. 현실의 문화적, 사회적, 정치적 다양성이 모조리 제거되어 있다. 어떤 무해한 만남도, 성공적인 경험도, 명랑한 일도 없다. 어떤 경쾌함, 어떤 즐거움도 여기에는 깃들지 못한다.

이렇게 채색된 색안경을 끼고 보면 세상은 어떻게 보일까? 사람들을 늘 특정한 한 가지 역할, 특정한 한 가지 지위, 특정

---

* 1967년부터 방송된 TV 시리즈물로, 실제 미해결 범죄 사건들을 재연해 소개하고 시청자의 제보를 받아 사건을 해결하는 데 도움을 주는 프로그램이다.

한 한 가지 특징을 지닌 것으로만 본다면 어떤 결과가 생길까? 처음부터 증오가 생기는 건 아니다. 그렇게 협소한 시각은 무엇보다 먼저 상상력을 훼손한다. 난민들을 언제나 집단으로만 다룰 뿐 결코 개개인으로 다루지 않고, 무슬림을 테러리스트 또는 미개한 '야만인'으로만 혐오스럽게 묘사하는 토론 포럼이나 출판물의 심각한 문제는 이주자들의 다른 면모를 **상상하는** 일 자체를 거의 불가능하게 만든다는 점이다. 상상력을 펼칠 여지가 축소되면 감정을 이입할 여지도 줄어든다. 무슬림으로서 또는 이주자로서 지닌 무한한 존재의 가능성을 **단 하나의** 정해진 틀에 끼워 맞추는 것이다. 그럼으로써 개인은 집단과, 집단은 언제나 그 속성들과 하나로 결합된다. 그런 매체를 통해서만 정보를 얻는 사람들, 거기에서 제시하는 여과된 시선으로만 세상과 사람들을 바라보는 이들에게는 늘 고정된 동일한 방식의 연상만이 각인된다. 시간이 갈수록 무슬림과 이주자를 다른 방식으로 생각하는 것이 거의 불가능해진다. 상상력이 훼손된 것이다. 그리고 남는 것은 미리 만들어진 묘사와 평가에만 의지해 작동하는 축소된 사고뿐이다.

이렇게 현실을 협소화하는 시각이 어떤 과정으로 만들어지는지 다음 예를 상상해보면 실감나게 이해할 수 있다. 어떤 페이스북 페이지나 신문 또는 TV 프로그램이 있다고 하자. 거기서는 기독교인들이 어떤 비행을 저질렀을 **때, 오직 그럴 때만** 그들을 언급하고, 기독교인이 저지른 범죄는 모두 기독교 때문에 일어난 것으로 단정한다. 기독교인인 연인들이나 여성 변호사, 조세법 여성 전문가, 가톨릭교도인 농부나 신교도인 자동차 정비공에 대한 보도나, 성가 합창곡이나 기독교인 배우들이 출연하는 연극 축제에 대한 보도는 단 한 편도 없고, 오로지 KKK단에 대한 보도부터 철저한 낙태반대론자들의 공격 행위, 가정폭력부터 아동학대, 은행 강도, 납치, 강도 살인까지 개인적 범죄들에 대해서만, 그리고 이 모든 것을 '기독교'라는 표제 아래서만 보도한다고 하자. 이러한 보도 패턴은 사람들의 인식을 어떻게 바꿀까?

"사람들이 다른 사람들에게 그렇게 쉽게 상처를 입힐 수 있는 것은, 다른 사람의 존재를 전체적으로 상상할 수 있는 능력이 몹시 떨어지기 때문이다"라고 스캐리는 말했다.[22] 그렇게 상상력이 빈약해지면 구체적으로 자기 앞에 있는 상대방에게조차 감정이입을 할 능력을 상실한다. 모든 무슬림, 모든 이주자가 각자 개개인으로서 누구와도 다른 특유한 존재이며, 모든 트랜스인Transperson*, 모든 흑인이 각자 개개인으로서 유일무이하고 고유한 존재임을 **상상할** 수 없는 사람, 행복과 존엄을 추구한다는 점에서 근본적으로 그들이 자신과 매우 유사한 존재라는 것을 상상도 할 수 없는 사람은, 그들이 상처받기 쉬운 연약한 인간 존재라는 것도 인식하지 못하며 오로지 고정된 이미지로써만 그들을 바라본다. 그리고 미리 만들어진 그런 이미지와 이야기들은 무슬림(또는 유대인이나 페미니스트나 지식인이나 집시)에게 위해를 가하는 일을 정당화하는 '근거'를 제공한다.

그런 토론 포럼들을 볼 때마다 너무나 암울해지는 이유는 사실 그 모든 일들이 이미 과거에도 존재했었기 때문이다. 그러한 인식 패턴은 전혀 새로운 것도 독창적인 것도 아니며 이미 역사적 선례들이 수두룩하다. 늘 똑같은 주제와 똑같은 이미지, 똑같은 고정관념이 마치 과거에는 존재한 적이 없었던 것처럼 인용되고 반복된다. 그것들이 어떤 맥락에서 발생했는지도, 이미 지독하게 오용되었다는 사실도 아무도 기억하지 못하는 것처럼 말이다. 외국인에 대한 증오, 상규常規에서 벗어나는 모든 사람 따돌리기, 거리에 나가 혐오와 증오의 구호 외치기, 비방하고 겁박하는 그라피티 그리기, 자신들

---

* 저자는 타고난 성별과 본인이 느끼는 성별이 일치하지 않는 트랜스젠더(Transgender)와 그런 이유로 성전환을 원하거나 이미 했거나 추진 중인 이들을 나타내는 트랜스섹슈얼(Transsexuelle, 성전환자)을 포괄하는 트랜스인이라는 용어를 사용한다.

은 국민 또는 민족이라는 이름으로 개념화하고 타인들은 거기에 속하지 않는다고 단언하며 '타락한' 존재이자 '반사회적인' 존재로 규정하는 것. 이 모든 것이 마치 과거에는 한 번도 없었던 일인 것처럼 말이다.

또한 '외국 남자들'이 '우리 여자들' 또는 '우리 소녀들'을 괴롭힌다고 주장하는 패턴도 나치의 프로파간다propaganda에서 반복적으로 등장한 주제였다. 예나 지금이나 반유대주의 텍스트와 캐리커처들은 유대인들이 '독일 여성'을 괴롭힌다고 주장하며 경고한다.[23] '검은 치욕'이라는 표제 아래 흑인을 '백인 여성'에게 성적인 위협을 가하는 존재로 낙인찍었던 그림들도 지금 다시 여전히 똑같은 표현 방식으로 유통된다. 오늘날에는 다시금 '이방인들', 흑인들, 난민들에게 성적인 위협을 가하는 존재라는 낙인을 찍고 있다.[24]

그렇다고 해서 이주자들이 저지른 범죄행위를 알리지 말아야 한다는 것은 아니다. 모든 형태의 성폭력은 당연히 밝혀야 한다. 이런 말을 따로 언급해야 한다는 사실 자체가 이미 부조리하다. 그렇지만 늦더라도 정확한 정보를 바탕으로 한 보고가 신속하지만 때로 오류가 있는 보고보다 더 낫다. 그리고 물론 그런 행위에 관해 고찰할 때는 그런 일을 야기했거나 용이하게 만든 사회와 경제, 이데올로기의 구조에 관해서도 따져 물어야 한다. 가톨릭교회의 다양한 종교기관에서 일어난 성적 학대 추문을 낱낱이 밝혀내려면 가톨릭 성직자들이 어린이를 대상으로 성폭력을 가하는 것을 용이하게 하거나 부추긴 요인들이 무엇인지 반드시 밝혀내야 하는 것과 마찬가지다. 이 경우에는 종교적 독신의 계율과 동성애의 낙인, 사제와 어린이 사이의 독특한 권력구조와 신뢰구조, 침묵의 카르텔 그리고 범인의 개인적 이력들까지 모두 분석해야 하며 또한 충분히 분석할 수 있다. 이런 논의를 한다고 해서 개인으로서 혹은 공동체로서 가톨릭 신자를 모조리 의심할 필요도 없고, 그 누구도 모든 가톨릭 신자에게 공식적으로 그들의 종교를 멀리하라고 요구하지도 않는다.

다만 문제가 될 수 있는 경우는 있다. 주로 성폭력에 대해서만 보도를 하고, 이때 그 범행 내용과 특정한 범인 유형을 마치 하나로 결합된 쌍인 것처럼 다루며 다른 범인들의 다른 범행에 대해서는 거의 보도하지 않는 경우가 그렇다. 그럴 경우 이주자들이나 흑인들에 대한 이미지는 불가피하게 '성폭력'의 이미지와 결합된다. 그 반대의 경우를 상상해보자. 모두 **백인**이 저지른 범죄만을 보도한다면 어떨까. 매일 말이다. 모든 절도와 모든 아동성추행, 모든 폭력범죄가 '백인 남자'가 저지른 것뿐이라면. 갑자기 흑인이 저지른 범행에 관한 보도는 찾아보기 어려워진다면. 물론 어떤 행위가 다른 행위보다 보도할 가치가 더 크다거나 더 심하게 비난받아야 한다는 말은 아니다. 다만 계속 그런 식으로 하다보면 범인 유형과 범죄행위 사이에 수적인 비례관계가 있는 것처럼 여겨질 수 있다는 말이다.

다시 한 번 말하자. 당연히 그런 범행을 저지르는 이주자들도 있다. 개인으로뿐 아니라 집단으로 자행하는 경우도 있다. 2015년 12월 31일, 쾰른Köln에서 있었던 끔찍한 신년전야의 집단 성폭행 사건이 한 예다. 당연히 이런 일은 철저하게 파헤쳐 보도하는 것이 옳다. 나아가 범인들의 유형적 특징과 사건 경위를 최대한 심도 깊고 상세하게 분석하고, 그런 범행을 저지르도록 부추겼을 모든 관련 요소도 밝혀내야 한다. 그 사건에서는 마초주의Machoism와 가부장적 사고방식, 그리고 과도한 음주도 한 역할을 했을 것이다. 또한 그들 각자가 어떤 맥락과 담론을 통해 여성에 대한 멸시와 그러한 자기결정에 이르렀는지도 살펴보아야 한다. 바로 이런 담론들과 이데올로기가 조장한 여성혐오의 패턴도 마땅히 비판의 대상으로 삼아야 한다. 이런 사례들에서는 유감스럽게도 인종주의적 망상과 성차별적 망상이 교차한다. 그렇기 때문에 그 담론을 이루는 텍스트와 이미지 속에 그러한 현실과 환상의 중첩이 어떻게 반영되어 있는지도 고찰해야 한다. 이는 사실 생각보다 그리 어렵지 않다.

클라우스니츠의 동영상을 둘러싼 담론에서는 '인종'이라는 단어가 직접 사용되지 않았다. 대신 '문화'나 '이주배경 Migrationshintergrund'•', '종교'라는 개념들이 거론되었다. 이는 인종주의나 반유대주의 같은 사회적 금기를 우회하는 눈가림용일 뿐 이데올로기 자체는 똑같다. 집단을 대상으로 한 인간혐오는 여전히 존재하고, 집단에게는 여전히 비역사적이고 좀처럼 변하지 않는 속성들이 덧씌워진다. 그저 '인종'이라는 단어만 사용하지 않을 뿐이다. 단어만 다를 뿐 똑같은 이미지와 똑같은 동기를 가지고 똑같은 배제의 구조에 이바지한다. 정치적 의도가 쉽게 드러나지 않도록 대중이 경계하는 용어들을 제거한 것이다. 그래서 이제는 '서양'을 지켜야 한다고, '국민'과 '국가'를 지켜야 한다고 말한다. 그것들이 무엇을 가리키는지는 정확히 설명하지 않은 채 말이다.[25]

이렇게 구상된 세계에는 유희적인 것이나 우연적인 것은 존재하지 않는다. 모든 우연적인 사건도 모종의 의미와 의심

• 이민자, 망명자, 난민 등의 용어 대신 쓰는 표현. 1949년 이후 독일로 이주한 외국인과 그 자손들을 '이주배경을 갖고 있다'고 말한다.

스러운 배후의 의도가 있는 것으로 치부된다. 단순히 인간적인 실수나 사고는 존재하지 않는다. 모든 오류에는 의도가 있다고 전제되고, 모든 우연한 사고도 항상 자기네 집단을 억압하거나 해하려는 음모라고 해석된다. '되벨른은 스스로 방어한다'와 같은 페이스북 페이지나 이와 비슷한 다수의 출판물들이 중점적으로 다루는 주제는 그들이 주장하는 이른바 인구의 '교체'라는 것이다. 즉, 사회 상층부가 난민과 이주민, 비기독교인, 비백인 등 이방인으로 묘사되는 모든 존재를 동원해 '자기네 민족'을 추방하려고 획책한다는 것이다. 또한 내전은 그들이 두려워하면서도 갈망하는 시나리오이며, 이러한 관념세계를 이끌고 가는 하나의 모티프이자 기본 배음背音과 같은 것이다.

그것은 지속적으로 반복되는 하나의 묵시록적 이야기다. 자신들의 몰락과 억압에 관한 구태의연한 옛이야기를 끌어와 극적으로 표현해 배경으로 깔아두고, 그 앞에서 자신들의 사명을 특별히 중대하고 운명적인 것으로 표현한다. 그들에게 이 세계는 한쪽에서 축소되고 있거나 죽어가고 있는 독일 국가의 시민들과, 다른 한쪽에서 그들의 멸망을 적극적으로 추진하고 있다고 주장되는 또 다른 이들로 나뉜다. 그러므로 난민을 도우려하고 그들에게 연대하는 태도를 보이는 문명사회의 모든 행위자들은 당연히 그들에게는 적이다. 그들은 '선인Gutmenschen' 또는 '역에 나가 박수치는 자Bahnhofs-klatscher'라고 불린다.[26] 마치 그들이 불쾌하고 부끄러운 존재라는 듯이.

자신들의 관습이나 신념에 대한 외부의 비판은 결코 논의의 대상으로 삼지 않는다. '자신'과 '이방인', '우리' 대 '그들'로 양분된 세계에 기본적으로 깔려 있는 적대감은 처음부터 비판을 퉁겨낸다. 비판은 자신의 나라, 자신의 민족, 자신의 국가를 위한 유일하게 진실하고 정당한 투쟁을 이끌어가는 사람들을 검열하고 억압하고 조종하는 일로 치부된다. 그리하여 스스로 어떤 반박이나 의심에서도 면제된다고 생각하는 폐쇄적 사고방식이 더욱 견고해진다. 여자들과 아이들에게 겁을 주는 자들이나 난민숙소에 불을 지르는 이들을 문제삼는 것이 아니라 그들을 비판하는 사람들을 문제 삼는 것이다. 비판적인 보도는 '가짜언론'이 영웅적이고 애국적인 봉기의 가치를 모른다는 증거일 뿐이다. 편집증 상태에서는 모든것이 자신의 투사를 증명하는 것처럼 보인다. 그리고 자신의공격성은 정당방위로 미화한다.[27]

그런 종류의 사이트를 오랫동안 들여다보는 것이 쉬운 일은 아니다. 나는 동성애자이자 저널리스트이기 때문에 그런 이들이 특히 혐오하고 증오하는 사회 집단 중 두 부류에 속한다. 물론 나는 나 자신을 하나의 집단으로 간주하지 않지만, 증오하는 자들에게 그런 사실은 아무 의미도 없다. 나뿐 아니라 사람들은 누구나 각자 다양한 측면과 성향을 지니고 있지만, 그 틀 안에 들어가면 결코 개개인으로 보이지 않는다. 내가 역에 가서 환영의 박수를 친 적이 한 번도 없다고 해도 그들이 보기에 나는 경멸해 마땅한 사람이다. 내가 사랑하는 방식 때문이고, 내가 생각하고 글 쓰는 방식 때문이다. 어쨌든 내가 **행하는** 것 때문이다. 이는 거의 특권이라고 할 수 있다. 다른 사람들은 피부색이나 신체 때문에 증오와 멸시를 당한다. 나는 백인이고, 나에게는 독일 여권이 있다. 이 둘은 모두 부수적인 사실이다. 그러나 이 둘은 흑인이나 무슬림이라는 이유로 또는 둘 다라는 이유로 혹은 여권이 없다는 이유로 나보다 더 무방비 상태에서 그러한 증오와 멸시를 당하는 사람들과 나를 분명하게 갈라놓는 점이기도 하다.

그러나 이러한 증오가 그 대상에게만 영향을 미치는 것은 아니다. 그런 사이트들이 나를 불편하게 하는 것은 그곳에서 지식인과 동성애자에게 적대적인 주장을 펼치기 때문만이 아니다. 비인간적인 논쟁이 오고갈 때도 나는 당혹스럽다. 보편적 우리라는 개념에 반대하는 주장만을 보아도 불편해진다. 또 **누구를** 보이지 않는 타자, 기괴한 타자로 만들지는 아무도 모른다. 왼손잡이를 또는 바그너Richard Wagner의 팬들을 혐오와 증오의 대상으로 삼을 수도 있다. 근본적으로 나를 불편하게 하는 것은 배제의 메커니즘과 인간을 박해하는 섬뜩한 공격성이다.

*

지금 그 페이스북 페이지는 클라우스니츠 동영상을 중심으로 한 담론에 모여든 긴밀한 서클 중 하나일 뿐이다. 난민 반대 시위를 벌이고 난민을 환영하는 사람들을 위협하는 이들로 구성된 다른 모든 동아리들도 그들과 같은 부류에 속한다. 이들은 모두 극단적이고 주변적인 집단이다. 그러나 이 서클들을 에워싸고 있는 또 다른 서클이 있다. 이들은 그 무리에게 사상의 원료를 제공하고 서사의 모형을 만들어주며, 이는 다시 그 무리가 인터넷과 가정에서 사용하는 담론의 틀이 되고 인용의 전거가 된다.[28] 이런 **증오의 공급자들** 중에는 거리에서 고함을 지르거나 불을 지르는 행동파처럼 자제력을 잃고 자신을 그대로 노출하는 일은 없이 겉으로는 시민적 '관심사'만 내보이는 이들도 있다. 공식적으로는 증오와 폭력에 거리를 두면서도 항상 증오와 폭력의 수사를 마련하고 있는 이들이다. 이렇게 지극히 의도적인 모호함의 전략을 사용하는 것은 〈독일을 위한 대안〉의 정치가들만이 아니다. 아무 생각 없이 난민들을 테러나 범죄와 동일시하는 모든 사람들, 이슬람을 종교공동체로서 인정하지 않는 이들, 국경에서 총을 쏘아야 한다고 쑥덕대는 이들도 모두 그런 전략을 실행하는 것이다.

증오와 공포로부터 이득을 취하는 자들도 증오와 공포에 불을 붙이는 일에 누구보다 열심이다. 이 **공포의 부당이득자들**이 시청률이라는 화폐를 기준으로 생각하는지 득표수라는 화폐를 기준으로 생각하는지, 아니면 공포를 부추기는 제목으로 베스트셀러를 만들어내는지 흥미로운 헤드라인으로 주의를 끄는지 그런 구분은 중요하지 않다. 어쨌든 그들은 모두 거리의 '폭도'라 불리는 이들로부터 거리를 두고 싶어 하면서도 그들을 이용해 경제적 이익을 취하는 방법은 아주 잘 알고 있다.

또 베이루트Beirut부터 브뤼셀Brussel까지, 튀니스Tunis부터 파리까지 연속적으로 살상을 자행하고 있는 이른바 이슬람 국가Islamic State, IS라는 국제 테러 네트워크도 증오의 공급자와 공포의 부당이득자 명단에서 빼놓을 수 없다. 커뮤니케이션의 측면에서 IS가 추구하는 전략 목표는 '신우파' 선전가들의 목표와 똑같다. 즉, 차이의 논리로써 유럽사회를 분열시키는 것이다. IS의 모든 테러가 무슬림에 대한 공포를 조장하는 것은 우연한 결과가 아니라 IS가 의도한 바다. 비디오로 촬영한 모든 학살 장면과 마치 오락프로그램처럼 연출한 무방비 상태의 인질을 처형하는 장면들 그리고 대량살상을 통해 IS는 의도적이고 계산적으로 서구사회의 구석구석에 쐐기를 박아 넣고 있다. 이는 테러에 대한 공포가 유럽에 거주하는 무슬림들을 전반적으로 불신하게 만들고 결국 그들을 고립시킬 거라는 다분히 합리적인 바람에 따른 것이다.[29]

다원적이고 개방적이며 세속적인 유럽에서 무슬림들을 고립시키는 것이 IS 테러의 명확한 목표이며, 체계적인 양극화가 바로 그 목표를 실현할 수단이다.[30] IS 이데올로그는 모든 종류의 혼합과 문화적 공존, 계몽된 근대의 종교적 자유를 혐오한다. 그러므로 이슬람 근본주의와 반이슬람 과격파는 서로의 흥미로운 거울상이다. 그들은 각자의 증오, 문화적 종교적 동질성의 이데올로기를 통해 서로가 서로의 존재를 입증한다. 그래서 우파의 포럼에는 IS가 유럽 국가들에서 자행한 끔찍한 암살에 대한 보도들이 계속 되풀이해 등장한다. 객관적인 폭력과 IS가 실제로 벌인 테러를 바로 그 폭력과 테러를 피해 탈출한 모든 무슬림들을 향한 주관적인 투사에 이용하는 것이다. 매번 공격이 있을 때마다 무슬림에 대한 두려움은 정당하다고 주장하고, 매번 학살이 있을 때마다 자유롭고 개방적인 사회란 환상에 지나지 않는다고 비판한다. 파리와 브뤼셀의 테러 공격 당시 무엇보다 자신들의 세계관이 입증되었다고 느꼈던 많은 정치가들과 시사평론가들의 반응 역시 그렇게 설명된다. 그들에게는 자기 생각이 옳다는 사실이 희생자 가족들의 슬픔보다 더 중요한 것 같았다.

그러나 개입하지 않는 사람들, 스스로 그렇게 행동하지는 않더라도 다른 사람들의 행동을 동조적으로 용인하는 사람들 역시 증오를 가능하게 하고 확장한다. 어쩌면 폭력과 위협이라는 수단은 지지하지 않더라도 분출된 증오가 향하는 대상을 혐오하고 경멸하는 이들이 은밀하게 묵인하지 않았다면, 증오는 결코 그렇게 힘을 발휘하지 못했을 것이다. 그리고 그렇게 장기적이고 지속적으로 사회 전체에 널리 퍼져나갈 수 없었을 것이다. 그들 자신은 증오하지 않을지 모른다. 그러나 그들은 증오를 **방조한다**. 어쩌면 그저 관심이 없거나 나태한 것일지도 모른다. 그들은 개입하거나 참여하는 것을 원치 않는다. 불미스러운 대결 때문에 귀찮은 일에 휘말리기가 싫은 것이다. 현대 세계에 만연한 차별과 복잡성에 휘말리지 않고 자신들의 고요한 일상만을 유지하려는 것이다.

난민들이나 난민숙소 또는 동성애자가 공격당한 사건에 대해서는 마지못해 수사하는 검찰, 그리고 주로 독일인 증인들만 믿을 만하다고 여기고 다른 증인들에게는 무엇을 보거나 들었는지 질문도 하지 않는 공무원들 역시 그런 부류에 속한다. 유대인이나 무슬림, 집시를 혐오하면서도 그런 경멸감을 직접적으로 표현하는 것은 자제하는 모든 이들도 마찬가지다. 그들은 거부감도 신중하게 표현한다. 맹목적인 증오가 아니라 은근한 우려로 말이다. 그들은 난민숙소를 공격한 사람들이나 엘리트 혹은 미국을 비난하는 언론은 단지 사회적으로 주변화된 사람일 뿐이라면서, 그들도 진지하게 받아들여주어야만 하며 그들의 감정을 오만하게 무시해서는 안 된다고 말한다.

클라우스니츠의 증오는 단순히 주변화된 것만이 아니다. 그 증오는 이미 오래전부터 준비되고 묵인되었으며, 근거들을 갖추고 승인받으면서 사회 한가운데에서부터 만들어졌다. 이를 위해 필요한 것은 많지 않다. 그렇지 않아도 가진 권리가 적은 사람들의 권리를 사소하게나마 지속적으로 폄하하고 의문시하는 정도로도 충분하다. 당국에 이주자들에 대한 의심을 지속적이고 반복적으로 표현하는 것, 경찰관 개개인이 집시들을 유난히 성급하게 또는 훨씬 더 엄하게 통제하는 것, 트랜스인들을 거리에서 요란하게 조롱하거나 아니면 법적으로 조용히 굴욕을 주는 것, '동성애자들의 로비'라는 쑥덕거림, '이렇게 말하는 것도 무리는 아닐 것'이라며 은근슬쩍 꺼내놓는 이스라엘과 유대인에 대한 비판 등이면 충분하다. 관행과 습관, 상투적인 말이나 농담, 자잘하게 표현되는 악의 또는 거친 무례함 등으로 만들어진 이 막강한 혼합물은 아주 부차적이고 아무 해도 없을 것처럼 보이지만 직접 그런 일을 당한 사람은 누구나 기가 꺾이고 만다.

그것은 증오가 아니다. 물리적 폭력도 아니다. 그리고 그렇게 행동하는 사람들 중에서 자신이 거리에 나가 혐오와 멸시의 구호를 외치는 이들과 같은 공동체에 속한다고 생각하는 이는 거의 없다. 그러나 그런 조용한 묵인과 은밀한 승인 때문에, 상규에서 벗어나는 사람들이 안전하지 않고 따돌림을 당하고 인정받지 못한다고 느끼게 만드는 공간은 더욱 확장된다. 그렇게 사람들이 살 수 없고 지나다닐 수 없는 구역들이 생겨난다. 종교가 다르거나 사랑하는 방식이 다르거나 모습이 다른 사람들은 마치 피와 살로 이루어진 사람이 아닌 것처럼, 그림자도 생기지 않는 존재처럼 보이지 않는 존재로 취급되고 무시되는 곳들이. 상규에 들어맞지 않는 사람은 바닥에 밀쳐 쓰러뜨리는 곳, 아무도 그가 다시 일어나도록 도와주지 않는 곳, 아무도 사과하지 않는 곳, 뭔가 다르다고 괴물 같은 존재로 취급하는 모든 곳, 바로 거기서 **증오에의 공모**가 일어난다.

*

그런데 또 다른 동영상이 있다. 그 일이 있고 얼마 후에 난민 중 한 사람이 촬영한 것이다. 양 가장자리는 희미하게 처리되었고 중앙의 화면만 볼 수 있다. 이 동영상은 그 증오가 어떤 일을 야기했는지, 그 증오의 표적이 된 사람들에게 어떤 결과를 초래했는지를 보여준다. 버스를 타고 온 난민 중 머릿수건을 두른 한 여성이 바닥에 주저앉아 절규하며 울고 있다. 두 손으로 자신의 무릎을 끊임없이 내리치면서. 그 옆에 한 젊은 여성이 쪼그리고 앉아 그녀를 달래보려 한다. 하지만 우는 여인은 도무지 진정되지 않는다. 그동안 품고 있었던 것과 이제 막 새로 터져 나온 것까지 모든 공포와 좌절감을 더는 억누를 수 없는 것이다. 멈출 수도 가눌 수도 없는 절망의 울음이다.

카메라는 흔들리며 주위를 둘러본다. 아주 간소하게 꾸려진 방이 보이는데, 버스의 난민들이 마침내 인도된 숙소인 듯하다.[31] 지칠 대로 지친 사람들이 바닥과 작은 탁자 옆 의자에 앉아 있거나 벽이나 서로에게 기댄 채 아무 말 없이 앉아 있다. 오랜 탈출 끝에 아직도 폭력의 영향권에서 벗어나지 못했다는 사실에, 휴식을 취할 수 있는 곳, 더 이상 경계하지 않아도 되는 곳, 마침내 두려움 없이 살 수 있는 곳에는 아직도 도달하지 못했다는 사실에 충격을 받은 기색이 역력하다. 이 동영상에서 그들이 직접 그런 말을 하는 것은 아니다. 그저 한 여인만이 그들의 절망을 울음으로 토해내고 있을 뿐.

그 여인과 버스를 타고 온 다른 난민들이 자신들의 나라에서 어떤 일을 겪었는지 우리는 구체적으로 알지 못한다. 그들이 레바논Lebanon이나 이란Iran에서, 아프가니스탄이나 시리아Syria에서 전쟁과 추방의 상황에서 어떤 경험을 했는지 우리는 그저 짐작만 할 수 있을 따름이다. 그들이 무엇으로부터 탈출했는지, 누구를 남겨두고 떠나와야 했는지, 밤이면 머릿속에서 어떤 끔찍한 장면들이 펼쳐지는지, 그런 것들은 이 동영상을 통해 알 수 없다. 하지만 그들이 이곳에서 겪은 일은 우리를 얼마나 부끄럽게 하는가. 이 동영상들을 본 모든 사람, 그 동영상에서 자신이 투사하는 괴물 같은 이미지 외에 다른 뭔가를 볼 수 있었던 사람이라면 누구나 알고 있는 바로 그 감정 말이다.

그런데 클라우스니츠에 관한 또 다른 이야기도 있다. 자신들이 '국민'이라 주장했던 이들과는 다른 이들의 이야기다. 그들은 증오와 고함으로 하나가 되었던 그 '우리'에 속하지 않은 이들이고, 그래서 그 자들만큼 주목을 받지는 못했다. 또한 그들을 중심으로 커다란 포럼이 형성되지도 않았고 박수부대로 둘러싸이지도 않았다. 하지만 그들 역시 클라우스니츠에 속해 있다. 그들의 이야기를 들으려면 먼저 그들을 수소문해서 찾아내야 한다. 그들은 증오하는 자들에 비해 훨씬 더 조용하기 때문이다. 클라우스니츠의 이 조용한 사람들 중에 다니엘라(성은 본인이 밝히지 않기를 원했다)가 있다. 다니엘라는 누군가 자신의 견해에 관심이 있다는 사실을 무척 놀라워했다. 한 차례 이메일을 주고받은 후 그녀는 제법 긴 시간 동안 통화하는 데 동의했고, 그날 밤 클라우스니츠에서 자신이 겪었던 일을 들려주었다.

그 전날 지역의 '난민숙소 네트워크Netzwerk Asyl'의 회원 몇 명이 모여서 새로 도착할 난민들을 어떻게 환영할 것인지 고민하고 있었다. 어떤 말을 하면 좋을지, 난민들에게 환영의 인사로는 뭐라고 말해야 하는지 서로 의논했다는 것이다. 그들은 미리 준비한 인사말과 작은 성의의 표시로 과일을 가지고 클라우스니츠의 난민숙소로 갔다. 다니엘라는 난민들이 들어오기로 되어 있던 숙소 안에서 다른 참가자들과 함께 그 사건을 지켜보았다. 건물 내부에서는 안전했다고 한다. 그러나 다니엘라와 동료들 역시 이미 언어 공격을 당했다. 그날 한 회원은 집에 불을 지를 거라는 협박까지 들었다고 한다.

다니엘라는 시위하려고 속속 모여드는 사람들을 지켜보았다. 아는 사람들이었지만 합류하지는 않았다. 그녀는 거리를 유지했다. 그들은 클라우스니츠의 이웃들이었다. 가장들도 있었다. 게다가 난민을 위협하는 것이 아이들에게 가능하면 일찍 가르쳐야할 좋은 일이라도 되는 듯이 자녀들을 데리고 온 사람들도 많았다. 트랙터 한 대가 나타나 숙소 앞 50미터 정도 떨어진 곳에서 길을 막아섰을 때도 다니엘라는 여전히 건물 안에 있었다. "뭔가 석연찮은 느낌이 들었어요. 우리는 어찌해야 할지 알 수 없었죠. 어쨌든 무슨 일인가 벌어질 거라는 건 분명했어요." 마침내 버스가 도착하고 상황이 점점 심각해지면서 점점 더 많은 사람들이 난민들 앞에 모여들어 증오의 구호를 외쳐댔지만, 그러는 동안 다니엘라는 그 어떤 '강탈과 절도의 전문가'도, '침략자'도, '우리 여자들'을 괴롭히는 '이방인'도 보지 못했다. 다니엘라가 본 것은 위협당하는 사람들이었다. "그 사람들 얼굴에 공포가 선하게 서려 있었어요. 난민들이 너무 불쌍해서 마음이 아팠어요."

이미 1월에 주민들은 클라우스니츠 체육관에 모여 난민수용 계획에 대해 토론했다. 당시 몇몇 주민은 외국 남자들이 클라우스니츠의 여자들과 소녀들을 희롱할지도 모른다는 불안을 표현했다. 클라우스니츠로 피난올 이들이 여자들과 아이들일 수도 있지 않느냐고 누군가 반박했다. 그러자 불안을 표현한 이들은 그렇다면 문제가 달라질 수도 있겠다고 했다. 다니엘라는 여자들과 아이들이 타고 있는 버스가 도착했을 때 그때의 일을 떠올렸지만, 그런 차이는 사실 아무 의미도 없다는 것을 곧 알게 되었다. 증오가 모든 억제력을 무력화시켰다. 어떤 차이도, 엄밀한 구분도, 개인도 더 이상 존재하지 않았다. 외부자가 보기에도 경찰이 그 상황에서 왜 길을 막은 자들을 저지하지 않았는지, 왜 그들에게 해산지시를 하지 않았는지 이해할 수 없었다.

다니엘라와 회원들이 미리 준비해두었던 인사말은 그런 상황이 닥치자 아무 의미도 없어졌다. "마침내 내가 처음으로 보살피게 된 여성은 더 이상……, 더 이상 걷지도 못했어요. 한참 동안 절규하듯 울고 난 뒤였거든요. 그러고는 기절

해버렸어요. 우리가 들어서 방으로 옮겨야 했죠." 다니엘라는 몇 시간 동안 그녀 곁에 머물러 있었다. 공통의 언어는 하나도 없었지만 말도 주고받았다. 자정을 조금 앞두고서야 다니엘라는 집으로 돌아갔다. 과일은 그곳에 두고 갔다. 버스 앞에서 증오를 뿜어내던 사람들은 어떻게 되었을까? 다니엘라의 말로는 난민들이 숙소로 들어가자 순식간에 조용해졌다고 한다. 쥐 죽은 듯이.

*

클라우스니츠는 증오와 그것을 촉발하고 형성하는 인식의 틀, 즉 사람을 보이지 않는 동시에 괴물 같은 존재로 만드는 패턴을 보여주는 일례에 불과하다. 클라우스니츠에서는 버스를 타고 온 난민들이 증오의 대상이었다. 다른 도시와 지역에서는 피부색이 다른 사람, 성정체성이 다른 사람, 종교가 다른 사람, 신체적 성별이 모호한 사람이 그 대상이 될 수 있다. 젊은 여성이나 나이 든 여성, 키파Kippa*나 머릿수건을 두른 사람, 노숙자나 여권이 없는 사람, 그 누구라도 혐오와 증오

---

* 유대교에서 전통적으로 쓰는 모자.

의 대상이 되어 해를 입을 수 있다. 이 경우처럼 위협을 당하거나, 범죄자나 병자 취급을 당하거나, 추방되거나 공격을 당하거나 상해를 당한다.

어떤 식으로든 그들은 해를 입는다. 그러나 어느 정도로 해를 입는가는 다른 사람들이 얼마나 그들의 편에 서 주는가에 달려 있다. 호르크하이머와 아도르노의 말처럼 "분노는 눈에 띄지만 방어능력이 없는 이들을 향해 분출된다." 그렇기 때문에 우리는 증오와 폭력으로 공적인 공간을 점유하고 그곳을 공포의 구역으로 돌변시키는 사람들에 대해 법적 조치를 취하라고 정부기관과 경찰과 수사당국에 요구해야 한다. 또한 누군가가 혐오와 멸시와 경멸의 늪에 빠질 위험에 처해 있지는 않은지, 박해와 증오의 물결이 솟아오르고 있지는 않는지, 또는 항의나 격려의 몸짓만으로도 모두가 함께 설 지반을 다시 탄탄히 다질 수 있는 건 아닌지 언제나 주의 깊게 살펴보아야 한다.

*

혐오와 멸시
- 제도적 인종주의

> "내가 원한 것은 단순히 다른 사람들 속에서
> 한 사람으로서 살아가는 것뿐이었다.
> 유연하고 젊은 몸으로 우리의 것인 한 세계로 들어가
> 다른 사람들과 함께 뭔가를 건설하고 싶었다."
>
> – 프란츠 파농Frantz Fanon,
> 『검은 피부, 하얀 가면Peau noire, masques blancs』

도대체 그들은 무엇을 보고 있는가? 나에게는 보이지 않고 그들에게만 보이는 것은 무엇인가? 편집되지 않은 11분 9초짜리 동영상이 하나 있다. 유튜브에서 볼 수 있는 그 영상에는 에릭 가너Eric Garner라는 흑인이 환한 대낮에 미용실 앞 보도에 서 있는 모습이 보인다.[32] 회색 티셔츠에 베이지색 반바지를 입고 운동화를 신은 그는, 야구모자를 눌러쓴 채 그의 양 옆에 버티고 선 저스틴 D.와 대니얼 P.라는 두 사복경찰과 말을 주고받고 있다.[33] D.가 가너에게 경찰신분증을 보이며 뭔가를 요구하고 있지만 무슨 말인지 잘 들리지 않는다. "뭐 때문에 도망간단 말이오?" 가너는 두 팔을 벌려 보인다. 어디

에도 어떤 무기도 없다. 그는 경찰들을 공격하지 않는다. 실제로 그는 말을 하는 동안에도 자기가 서 있는 자리에서 거의 벗어나지 않는다. 달아나려는 시도도 하지 않는다. 두 팔을 활짝 벌린 몸짓이 무엇을 의미하는지는 명백하다. 에릭 가너는 경찰들이 왜 자신을 괴롭히는지 이해하지 못한다. "아무 짓도 안 했다고요." 오른쪽에 서 있는 경찰관 D.가 대답하는 말은 정확히 들리지 않지만 가너가 세금을 내지 않고 '낱 담배'를 판매했다는 비난과 관련된 내용인 듯하다. 에릭 가너는 두 손으로 얼굴을 훑는다. "당신들은 매번 볼 때마다 날 못살게 굴어. 정말 진절머리가 나." 그는 몸수색을 거부한다. 애초에 경찰관들이 자신을 검문하고 죄인 취급하는 이유를 납득할 수 없기 때문이다. "오늘부로 이런 일은 끝나야 돼…… 여기 둘러서 있는 사람들 아무나 잡고 물어봐도 다 말해줄 거야. 내가 아무 짓도 하지 않았다는 걸."[34]

"여기 둘러서 있는 사람들"이란 그 광경을 지켜보는 사람들을 말한다. 실제로 그와 무관한 행인들도 끼어든다. 그들은 클라우스니츠의 구경꾼들처럼 그냥 지켜보기만 하는 것이 아니라 행동을 한다. 어쩌면 그들이 무관하지 **않기** 때문인지도 모른다. 아마 자신들 중 누구에게라도 똑같은 일이 일어날 수 있음을 알기 때문일 것이다. 언제라도. 오직 피부색이 희지 않다는 이유만으로 말이다. 우선 그 장면을 휴대폰으로 촬영한 푸에르토리코Puerto Rico 출신 램지 오타Ramsey Orta가 있다. 그의 목소리는 동영상에서 수시로 들려온다. 카메라에 대고 직접 말하거나 주위의 다른 행인들에게 말하면서 자신이 촬영하고 있는 내용에 관해 논평한다. 거의 동영상이 시작되자마자 에릭 가너의 주장을 뒷받침하는 오타의 목소리를 들을 수 있다. "그 사람 아무 짓도 안 했어요." 그러자 경찰 중한 명이 성가신 목격자를 쫓아버리려고 시도한다. 그래도 오타는 자기가 이웃주민임을 밝히며 자신의 위치를 그대로 유지한다. 경찰관이 언짢은 기색을 보여도 그는 계속 촬영한다. 물론 경찰들은 거기서 벌어지고 있는 일이 촬영되는 것은 원치 않았을 것이다. 한편으로 그들은 에릭 가너를 놓아주었다고 해도 그리 크게 신경 썼을 것 같지도 않다. 어쩌면 자신들이 옳은 일을 하고 있다고 느꼈을지도 모른다. 대개 그렇듯이 사후에 자신들이 옳았다고 인정받을 것임을 알고 있었을 수도 있다. 상황에 개입한 목격자는 한 사람 더 있다. 동영상 안에서 노트를 들고 경찰관들에게 다가가 이름을 묻는 흑인 여성이다. 그런 행동조차도 경찰관들이 그 후에 한 행동을 막지는 못했다.

에릭 가너는 몇 분 동안 경찰관 D.와 이야기를 나눈다. 가너는 자신이 싸움을 말린 것뿐이라고 설명한다. 그 외에 다른 일은 없었다고. 가너는 자기가 아무것도 하지 않았다는 말을 거듭 되풀이한다. 옆에서도 가너의 말을 뒷받침하는 목소리가 계속 들려온다. 잠시 후 화면의 뒤쪽에 서 있던 경찰관 대니얼 P.가 무전기로 지원을 요청하는 듯한 모습이 보인다. 무엇 때문에? 에릭 가너는 분명히 덩치가 크고 몸무게가 많이 나가 보이지만 그 누구도 위협하지 않았다. 이 상황에서 그는 어떤 위험한 행동도 하지 않았다. 무엇보다 경찰이 그가 저질렀다고 주장하는 행위도 아직 확실하지 않았다. 도대체 그를 체포하려는 이유를 납득할 수 없다. 혹시 그가 신원을 밝히지 않아서일까? 혹은 몸수색을 거부해서? 그 경찰관들은 대체 무엇을 본 것일까? 왜 그들은 덩치 크고 어딘가 어설픈 이 사람을 그냥 내버려두지 못한 걸까? 과거에 그가 '낱담배'를 팔다가 발각된 적이 있었다고 해도, 2014년 7월의 그날 오후 스태튼아일랜드 톰킨스빌Tompkinsville에 있는 '베이 살롱Bay Salon' 앞에서는 그가 탈세한 담배를 팔려고 했다는 실마리는 하나도 없었다. 낱담배를 숨길 수 있는 가방도 배낭도 없었다. 그들은 대체 무엇을 본 걸까?

이 동영상에서는 분노나 공격성의 신호도 찾아볼 수 없다. 폭력적 상황으로 치달을 만한 징조가 전혀 없다. 가너의 말은 분노보다는 좌절감에 차 있다. 근육질의 두 경찰관도 특별히 불안해하는 기색은 없다. 그들은 분명 그런 상황에 대비한 훈련을 받았을 것이다. 그들은 2인 1조였지만 언제라도 필요할 때는 지원인력을 요청할 수 있었다. 반바지를 입은 가너는 그들을 위협하지 않았다. 말이 오고간 지 4분 넘게 지나자 저스틴 D.가 바지 주머니에서 재빨리 수갑을 꺼낸다. 이어서 그와 P.가 앞과 뒤에서 동시에 다가가자 에릭 가너는 "손대지 마쇼!"라고 다급하게 말했고, P.가 뒤에서 그의 몸을 옭아매자 허우적거렸다. 그는 체포되지 않으려고 버텼다.[35] 어쩌면 그 점을 공권력에 대한 저항으로 해석했는지도 모르겠다. 그러나 가너는 경찰관들을 치지 않았다. 그는 그들을 공격하지 않았다. 오히려 그는 두 손을 위로 들었다. 그러나 그때 P.가 뒤에서 초크$_{chokehold}$•를 걸어 가너의 목을 졸랐다. 경찰관 두 명이 더 다가와 이제 넷이서 힘을 쓰며 가너를 바닥에 내리눌렀고 처음에 그는 양팔과 다리로 바닥을 짚었다. 그런데도 P.는 뒤에서 그의 목을 조른 팔을 풀지 않았고, 이어서 여전히 초크를 건 채로 가너의 등에 올라타 내리눌렀다. 그들은 도대체 무엇을 본 것인가?

• 목을 졸라 질식시키거나 머리로 피가 공급되지 못하도록 압박하는 격투기술.

프랑스의 정신의학자이자 정치가이며 저술가였던 프란츠 파농은 1952년에 쓴 탈식민주의 이론의 고전 『검은 피부, 하얀 가면』에서 흑인의 몸을 바라보는 백인의 시선을 이렇게 묘사했다. "N.은 짐승이다. N.은 악하고 N.은 음흉하고 N.은 흉측하다. N.을 보라. 날씨는 춥고 N.은 떨고 있다. N.은 너무 추워서 몸을 떠는데 조그만 소년은 N.이 두려워서 떤다. N.은 뼈가 시릴 정도로 혹독한 추위 때문에 떠는데, N.이 분노 때문에 몸을 떤다고 생각하는 백인 소년은 엄마 품에 몸을 던지며 말한다. 엄마, 저 N.이 나를 잡아먹으려고 해요."[36] 파농에 따르면, 흑인이 몸을 떨 때 흑인의 몸을 두려워하도록 교육받은 백인 소년에게는 추워한다는 그 표시가 분노의 징후로 보일 수 있다는 것이다. 백인 소년은 흑인의 몸을 짐승과 연관된 것, 뭔가 종잡을 수 없는 것, 뭔가 거칠고 위험한 것을 연상하면서 성장하기 때문에 흑인의 몸을 보면 곧바로 '악하고', '음흉하고', '흉측한' 속성을 떠올리고, 그러면 이내 "그가 나를 잡아먹으려 한다"고 생각하게 된다는 것이다.

그러한 인식과 시야는 중립적인 것이 아니라 특정한 역사적 틀에 따라 형성된 것이다. 그 틀은 거기 부합하는 것만을 인지하고 받아들인다. 흑인이 몸을 떠는 것은 언제나 분노의 표현이라고 해석하는 사회, 백인 아이(와 성인)가 흑인은 항상 기피하거나 두려워해야 마땅한 존재로 바라보도록 교육받는 사회에서 에릭 가너는 (또는 마이클 브라운Michael Brown이든 샌드라 블랜드Sandra Bland든 타미르 라이스Tamir Rice든 백인 경찰의 폭력에 희생된 다른 누구라도) 아무런 위험을 초래하지 않더라도 늘 위협적인 존재로 **보인다**. 몇 세대에 걸쳐 이런 시선을 학습하고 나면 굳이 두려워할 이유가 없을 때도 아무 거리낌 없이 흑인의 몸을 학대할 수 있게 된다. 두려움은 이미 오래전에 경찰이라는 기관의 자기 이미지에 각인되었다. 모든 흑인의 육체를 뭔가 두려움을 일으키는 것으로 인지하는 인종주의적 틀에 따라 백인 경찰들은 그러한 상상적 위험으로부터 사회를 보호하는 것을 자신의 임무라 여긴다. 경찰 개개인이 딱히 강렬한 증오심이나 공포를 갖고 있지 않아도 흑인의 인권은 충분히 제한할 수 있는 것이다. 그래서 흑인의 육체는 무방비 상태이고 이미 빈사 상태가 되어서도 위협으로 간주된다.[37]

바닥에 옆으로 쓰러져 있는 가너를 경찰관 몇 명이 뒤엉킨 채 내리누르고 있고, 가너의 왼팔은 등 뒤로 꺾여 있고 오른팔은 보도 바닥 위에 뻗어 있다. 경찰관 P.는 여전히 그의 목을 조른 팔을 풀지 않는다. 모두 함께 무방비 상태인 가너의 몸을 돌려 바닥에 엎드리게 한다. 그들은 무엇을 보고 있는가? "숨을 못 쉬겠어I can't breathe." 에릭 가너의 이 말이 처음 들린 것은 동영상의 4분 51초 지점이다. 4분 54초에 두 번째 "I can't breathe"가 들린다. 화면에서는 경찰 네 명이 모두 달려들어 이 흑인의 몸을 거칠게 다루고 있다. 그들은 멈추지 않는다. 가너의 절망적인 호소를 모두가 분명히 듣고 있으면서도 말이다. 목에 초크를 걸어 가너를 바닥에 쓰러뜨린 경찰관은 이제는 무릎을 꿇고 온몸의 힘을 실어 두 손으로 가너의 머리를 바닥에 내리누른다. "I can't breathe", 4분 56초, 가너는 2초마다 간신히 소리를 뱉어낸다. 4분 58초, "I can't breathe", "I can't breathe", "I can't breathe", "I can't breathe", 천식 환자였던 에릭 가너는 숨을 쉴 수 없다며 무려 열한 번에 걸쳐 가쁜 숨으로 호소했다. 그리고 그 후로 그에게서는 아무 소리도 들을 수 없었다.

한 경찰관이 카메라 앞에 다가서더니 그 장면을 가린다. "또다시 경찰이 엉뚱한 사람을 때려눕혔다"라고 말하는 촬영자의 목소리가 들린다. 다시 시야가 드러나자 바닥에 쓰러져 있는 에릭 가너와 미동도 않는 그의 몸 위와 주변으로 경찰 여러 명이 둘러싸고 있는 모습이 보인다. 다시 촬영자의 목소리가 들린다. "그는 그냥 싸움을 말리려고 한 것뿐인데, 이런 일이 벌어지고 말았다." 그로부터 1분이 더 흐르고도 에릭 가녀는 여전히 거기 누워 있다. '여기 한 **사람이** 땅바닥에 누워 있다'라고 똑똑히 말하려는 듯이. 의식을 잃은 채로. 그런데도 아무도 무방비 상태의 가녀에게서 수갑을 풀어줄 생각을 하지 않는다. 아무도 심폐소생술을 실시하려 하지 않는다. 주위에 선 경찰관들이 한 일이라고는 생기 없이 늘어진 그의 몸을 들어 올리려다 다시 바닥에 내려놓은 것뿐이다. 마치 무슨 물건처럼. 그들은 그 '사람'에 대해 염려하는 기색이 전혀 없다. 명백히 그를 한 사람으로 보고 있지 않기 때문이다. 게다가 자신들이 저지른 일의 결과를 보고도 동요하거나 좌절감을 느끼는 것 같지도 않다. 마치 자신들의 폭력 때문에 에릭 가녀에게 닥친 그 상태가 흑인의 몸이 처할 최적의 상태이기라도 한 것처럼.

"타인의 고통은 쉽게 간과할 수 있기 때문에, 우리는 그에게 고통을 가할 수도 있고 이미 겪고 있는 고통을 더 악화시킬 수도 있으며 그러면서 아무런 동요도 느끼지 않을 수 있다." 일레인 스캐리는 「타자를 상상하는 일의 어려움」에서 이렇게 말했다.[38]

이 동영상을 끝까지 참고 볼 수 있게 도와주는 유일한 것은 목격자의 목소리다. 이 끔찍한 사건의 방향을 바꾸지는 못했지만, 그는 모른 척 눈 돌리지 않고 끝까지 지켜보았다. 이는 일종의 대항공론對抗公論으로 그 사건의 상황을 다르게 설정하고 다르게 해석하는 **또 다른 시각**이다. 그의 코멘트는 그 사건을 바라보는 비판적 관점을 보충해준다. 그는 **자신이** 보고 있는 것, 그러니까 무방비 상태의 한 사람이 아무 이유 없이 경찰에게 공격을 당하고 있는 상황을 묘사한다. "**저 사람들이 싸우던 검둥이들은 잡지 않고, 싸움을 말리던 검둥이만 잡았어.**" 동영상을 촬영한 목격자 램지 오타는 수차례 현장에서 떠나라는 압력을 받았지만, 결국 그는 에릭 가너가 누워 있던 미용실 입구 앞쪽으로 위치만 옮겼다. 동영상 중간에 끊어진 부분이 있는데 그 사이 시간이 얼마나 흘렀는지는 알 수 없다. 재생시간 8분 무렵에 마침내 한 여자 경찰이 의식을 잃은 에릭 가너에게 다가가 맥박을 짚어보는 듯한 모습이 보인다. 아무도 심장마사지를 하거나 어떻게든 생명을 구하려는 조치는 취하지 않은 채 2분이 더 흘렀다. 그러다 갑자기 에릭 가너의 목을 졸라 쓰러뜨렸던 경찰관 대니얼 P.가 화면에 등장한다. 그는 특별한 목적도 없이 주변을 서성이고 있다. 그러자 촬영하던 목격자 오타가 그에게 말을 건다. "**당신 거짓말하지 마. 내가 여기서 하나도 빠짐없이 다 봤으니까.**" P.는 오타에게 다가와 그가 무엇을 보았든 상관없다는 듯, 오직 백인 경찰관의 시선만이 중요하다는 듯 손으로 털어내는 시늉을 하며 말한다. **"그래, 당신은 다 알고 있지."** 이 **'당신'**이라는 말에서는 **'당신'**이 결코 자신과 동등한 가치를 인정받지 못할 거라고 확신하는 권력의 교만함이 들려오고, 푸에르토리코 출신 시민 목격자보다는 백인 경찰관의 말이 언제나 더 신뢰를 받으니 그가 본 것은 아무 소용이 없을 거라는 확신이 묻어난다.

또 한 편의 동영상이 있다. 이번에는 다른 각도에서 촬영된 것이다. 그 미용실 안에서 열린 출입문을 통해 촬영한 것으로 보인다. 이 동영상은 앞의 동영상보다 한참 뒤에 촬영이 시작되었다. 이미 에릭 가너는 전혀 움직이지 못한 채 바닥에 쓰러져 있다. 그의 주위로 연락을 받고 온 경찰들이 둘러서 있다. 그들은 가너의 무거운 몸을 두드려도 보았다가 옆으로 굴려보기도 하고 잠시 목의 맥박을 짚어보기도 한다. 그중 한 명은 에릭 가너의 바지 뒷주머니를 뒤져보기도 하지만, 의식을 잃은 가너를 소생시키려고 시도하는 사람은 아무도 없다. 이번에는 한 여성의 목소리가 들린다. "뉴욕경찰이 사람들을 괴롭히고 있어. 저 사람 아무 잘못도 안 했는데…… 구급차도 안 불러주는 거 봐." 몇 분이 더 지나지만 아무도 도움을 주지 않는다. 게다가 아직 아무도 에릭 가너에게서 수갑을 풀어

주지 않았다. 경찰 한 명은 가너의 바지 주머니에서 휴대폰을 꺼내 동료에게 건넨다. 재생 시간 4분이 되자 한 여자 경찰이 가너 위로 몸을 굽히고 그를 살펴본다. 선 채로 그의 목에 손을 대보고 그를 불러보지만, 그걸로 끝이다. 그리고 몇 분이 더 지나 구급용 들것이 도착하고 에릭 가너는 들것에 실려간다. 카메라는 흔들리며 옆으로 움직이더니 대니얼 P.를 잡는다. 그는 자기를 찍고 있다는 것을 알아차리자 카메라를 보며 손을 흔든다.

에릭 가너는 병원으로 가는 도중 심부전으로 사망했다. 그의 나이는 43세였다. 아내와 여섯 자녀와 세 손자가 남았다. 검시관은 사인을 '목졸림'과 '흉부압박', '경부압박'으로 진단하고, 살인으로 판결했다.[39]

프란츠 파농은 이렇게 썼다. "무섭다고! 무섭다니! 사람들이 급기야 나를 무서워하기 시작했다. 나는 숨이 막힐 때까지 웃어버리기로 했다. 하지만 웃는 것도 이미 내게는 불가능한 일이었다."[40]

에릭 가너를 죽음으로 몰고 간 초크는 즉흥적으로 나온 행동이 아니다. 비록 그 장면에서는 그렇게 보일지 몰라도 말이다. 흑인에게 가해지는 초크에는 오랜 전통이 있다. 로스앤젤

레스Los Angeles에서만 1975년부터 1983년 사이에 16명이 초
크 때문에 목숨을 잃었다. 뉴욕New York에서는 에릭 가너가 숨
지기 20년 전에 브롱크스Bronx에서 살았고 가너와 마찬가지
로 만성 천식 환자였던 앤서니 바에즈Anthony Baez라는 29세
청년이 경찰의 초크로 목숨을 잃었다.[41] 동기는 에릭 가너처
럼 불법적인 담배판매 혐의가 아니라, 미식축구공을 가지고
놀다가 실수로(경찰 역시 실수임을 인정했다) 주차되어 있던 순
찰차를 맞춘 일이었다. 에릭 가너를 죽인 초크는 오래전부터
불법이었다. 뉴욕경찰국은 이미 1993년에 이 격투기술을 금
지했다. 그런데도 에릭 가너의 죽음을 둘러싼 상황을 심리하
고 경찰관 대니얼 P.의 행동에 대해 판단해야 했던 대배심은
두 달간의 심리 끝에 불기소 결정을 내렸다.

"파괴자들은 이례적으로 사악한 존재가 아니라 단지 이 나
라의 유산과 전통을 정확하게 해석해 오늘날 이 나라의 변
덕을 실행하는 사람들일 뿐." 타네히시 코츠Ta-Nehisi Coates는
『세상과 나 사이Between the World and Me』에서 이렇게 말했다.[42]
악의조차 필요 없다. 극심하고 강렬한 증오까지는 없어도 된
다. 코츠에 따르면 흑인을 멸시하고 경멸하고 학대해도 결코
처벌받지 않는다는 혐오의 유산을 확신하기만 하면 된다는
것이다. 과거부터 이어진, 흑인의 육체를 위험과 연관 짓는

불안감이면 족하다. 그런 연상은 언제나 흑인에 대한 폭력을 정당화해주기 때문이다. 역사적으로 학습된 이런 시각 앞에서는 에릭 가너나 샌드라 블랜드, 찰스턴Charleston의 이매뉴얼 아프리칸 감리교회Emanuel African Methodist Episcopal Church●의 신자들이 객관적으로 무방비 상태이고 아무 잘못이 없다는 구체적인 증거조차 아무런 힘을 발휘하지 못한다. 대대로 이어진 이런 문화에서 백인의 피해망상은 언제나 정당화된다.

에릭 가너의 사망 사건에서 초크는 대니얼 P. 혼자서 행한 개별적인 행동이라고 할 수 있지만, 사실 초크 자체는 아프리카계 미국인에 대한 백인 경찰 폭력의 역사에서 하나의 흐름을 형성하며, 마침내 '#blacklivesmatter'●● 운동도 이에 주목하게 되었다. 백인의 폭력에 대한 공포는 아프리카계 미국인들의 집단체험이자 노예제의 유산이다. 하지만 흑인의 육체에 대한 인종주의적 공포는 사회적으로 용인되고 재생산되는 반면, 그런 낙인이 찍힌 흑인이 백인 경찰의 폭력에 대해 느끼는 근거 있는 공포는 바로 그 인종주의 때문에 사각지대에 남아 있다는 사실은 참으로 암울한 역설이다. 타네히시 코

● 2015년 6월 17일 미국 사우스캐롤라이나(South Carolina) 주 찰스턴에 있는 이매뉴얼 아프리칸 감리교회에서 발생한 총격 사건을 가리킨다. 이 사건으로 9명이 목숨을 잃었다.

●● '흑인의 생명은 중요하다'는 뜻의 해시태그(hashtag) 운동

츠는 아들에게 보내는 편지에서 이렇게 썼다. "에릭 가너의 목을 조른 경찰관이 그날 한 사람의 육체를 파괴하기로 작정하고 날을 잡은 거라고 생각할 필요는 없다. 그 경찰관에게는 미국이라는 국가의 권력과 미국의 유산의 무게가 따라다닌다는 것, 그리고 그 둘은 필연적으로 해마다 파괴되는 육체들 중 터무니없이 높은 비율을 흑인이 차지하는 결과를 낳는다는 것만 이해하면 된다."[43]

제도적 차별 혹은 제도적 인종주의를 확립한다는 것이 모든 경찰관 개개인이 공권을 남용하거나 인종주의적 태도를 갖도록 두는 것을 의미하지는 않는다. 당연히 흑인에 대한 모든 형태의 차별과 폭력을 반대하고 기피하는 경찰관도 많다. 인종주의라는 역사적 짐에 강력하게 저항하는 경찰관도 물론 있다. 지역의 흑인 주민들을 돕고 신뢰를 쌓고 폭력을 차단하려고 노력하는 지역 경찰당국도 있다.[44] 하지만 개인적으로 올바른 도덕적 판단을 하는 경찰관들도 많지만, 경찰과 경찰 조직의 자기인식에는 백인보다 흑인의 육체가 훨씬 더 위험하다고 보는 인종주의도 깔려 있다는 것, 유감스럽게도 두 가지 다 사실이다. 경찰은 미국에서 흑인들이 일상적으로 경험하는 사회분열을 자기들 특유의 방식으로 반영한다.

여전히 아프리카계 미국인들은 흑인이자 미국인이라는 '만들어진 모순' 속에서 성장한다. 그들은 명목상 미국 사회에 소속되어 있으면서도 영원히 배제된 상태다.[45] 통계 수치들을 보면 미국사회의 분열상과 흑인 차별이 그대로 드러난다. 전미흑인지위향상협회NAACP의 통계에 따르면 미국 교도소의 230만 수감자 중에서 100만 명이 아프리카계 미국인이다. 아프리카계 미국인이 감금형 판결을 받는 빈도는 백인보다 6배 더 높다. 선고 프로젝트Sentencing Project라는 단체가 실시한 연구에 따르면 아프리카계 미국인은 마약 범죄를 저지르고도 백인 범죄자라면 폭력 범죄를 저지르고 받는 형기(61.7개월)와 비슷한 형기(58.7개월)를 받는다. 그리고 1980년부터 2013년 사이 미국에서 살해당한 흑인의 수는 26만 명이 넘는다. 비교하자면 베트남전쟁 전체 기간 동안 목숨을 잃은 미군 병사의 수가 5만 8천 220명이다.

백인의 입장에서는 보통 그러한 혐오와 구조적 멸시의 경험을 상상하기가 쉽지 않다. 그들은 이런 질문도 쉽게 던질 것이다. 흑인이 아무 짓도 하지 않았는데 왜 검문을 받는단 말이지? 백인이라면 이런 질문도 아무렇지 않게 던질 수 있을 것이다. 흑인이 왜 아무 이유 없이 체포되는지, 왜 폭력의 위협을 가하지 않았는데도 구타를 당하는지, 왜 백인과 똑같은 범행을 저지르고도 더 오랜 형기를 사는지 하는 질문들 말이다. 매일 같이 부당함을 경험하지 않는 사람이라면 왜냐고, 왜 세상이 그렇게 부당하게 돌아가느냐고 질문할 수도 있을 것이다.

표준에 부합하는 사람은 표준 같은 것은 존재하지 않는다고 착각할 수도 있다. 다수와 비슷한 속성을 지닌 사람은 표준을 규정하는 다수와 닮았다는 것이 별 의미가 없다고 착각할 수 있다. 표준에 부합하는 사람들은 흔히 자신이 다른 사람들을 어떻게 배제하거나 비하하는지 알아차리지 못한다. 그들은 자신이 용인되는 것을 당연한 일로 받아들이기 때문에 자신이 어떤 힘을 행사하는지 감도 잡지 못한다. 하지만 인권이란 모든 사람에게 적용되는 것이다. 자신과 유사한 사람들에게만 적용되는 것이 아니다. 그러므로 어떤 종류의 일탈과 어떤 형태의 다름이 소속이나 존중이나 인정과 관련해 유의미한 것으로 제시되는지 주의 깊게 살펴야 한다. 또한 표준에서 벗어나는 사람들이 일상적으로 배제되고 멸시당하는 것이 어떤 기분인지 이야기할 때는 반드시 귀 기울여야 한다. 자신에게는 결코 그런 일이 일어나지 않는다고 해도 한 번이라도 그런 경험을 하는 이들의 감정에 이입해보아야 한다.

처음으로 뚜렷한 이유 없이 경찰의 검문을 받은 사람이라면 불편한 마음이야 들겠지만 큰 불쾌함 없이 감수한다. 그러나 이유도 없이 반복적으로 검문을 당하고 누차 신원을 증명해야 하며 계속해서 몸수색을 당해야만 하는 사람에게는 우연히 일어나는 번거로운 일이 아니라 체계적인 모욕이 된다. 제도적 인종주의나 경찰 폭력의 경험만 그런 것이 아니다. 사소하지만 참기 힘든 부당한 요구들도 마찬가지다. 미국의 버락 오바마Barack Obama 대통령도 트레이번 마틴Trayvon Martin이라는 흑인 소년의 피살 사건 기자회견에서 그러한 일상적인 침해에 관해 말했다. 오바마가 이야기한 것은 슈퍼마켓에 가면 항상 기본적으로 도둑질을 할 사람으로서 감시대상이 되고, 기업대출은 뚜렷한 이유 없이 거부당하며, 길을 가다가 갑자기 자동차의 문이 철컥 잠기는 소리를 들어야 하는, 자기 자신의 경험이자 모든 아프리카계 미국인의 경험이었다. 그 유일한 이유는 언제나 그들이 위험과 위협으로, 괴물 같은 타자로서 인식되기 때문이다.

자주 다른 사람으로 오인되는 것 역시 일상에서 직접 경험한 적 없는 사람은 잘 모르는 불쾌한 일들 중 하나다. 실제로 누군가와 닮아서가 아니라, 마치 흑인은 모두 똑같이 생겼다는 듯 그저 피부색이 같다는 이유로 헷갈리는 것이다. 흑인에 대해 그런 것은 아니지만 나 역시 그런 상황을 경험해봐서 잘 알고 있다. 미국에서 열린 한 세미나에서 나는 강사로서 아시아계 미국인 여대생 세 명과 대면한 적이 있다. 그들은 서로 전혀 비슷해 보이지 않았고, 마주보고 앉아 있을 때는 당연하고도 쉽게 서로 구별되었다. 그러나 첫째 주 개별 면담 시간에 학생들이 각자 찾아왔을 때, 나는 셋 중 누구를 상대하고 있는지 알 수 없었다. 나는 그들에게 그 사실을 숨길 수 있을 거라고 생각했지만 그것은 부끄러운 착각이었다. 나는 그 일이 단지 경험부족 때문이었기를 바란다. 후에 베를린에 사는 독일계 일본인 친구는 반대로 많은 아시아인들 역시 나 같은 얼굴을 보면 마찬가지로 헷갈린다며 안심시켜주었다. 자주 만나지 않는 사람의 이름이나 얼굴을 처음에 잘 기억하지 못하는 것은 그리 비난할 일은 아닐 것이다. 그러나 그런 사실을 돌아보지 않고 이름과 얼굴을, 그럼으로써 한 개인으로서 그 사람을 더 잘 알려고 노력하지 않는 것은 비난받을 일이다. 단 한 번이 아니라 늘 반복적으로 다른 사람으로 '오인되는' 사람에게 그 경험은 모르고 한 실수가 아니라 무시로 여겨지기 때문이다. 마치 한 개인으로서 있어도 그만이고 없어도 그만인 존재인 것처럼 느껴진다.[46]

이런 종류의 굴욕을 지속적으로 겪으면서 시간이 흐르면 우울증과 비슷한 상태에 빠진다. 보이지 않는 존재이자 괴물 같은 존재로 만드는 혐오의 틀에 갇혀 살아가는 사람이라면 누구나 그런 우울의 상태를 잘 알고 있다. 매일 혹은 매주, 일상적으로 거리를 걷거나 술집에 갔을 때 아는 사람에게든 모르는 사람에게든 대화를 나눌 때마다 계속해서 자신을 해명해야 하고, 잘못된 비방과 인종주의와 낙인찍기에 맞서 자기를 변호해야 한다는 것은 진이 빠지는 일일 뿐 아니라 매우 불안하고 당혹스러운 일이다. 이데올로기로 물든 개념과 법칙, 몸짓과 신념에 늘 치이다보면 화가 나고 격앙되는 데 그치지 않고 마비된 사람처럼 무감각해진다. 혐오와 증오에 거듭 노출되면 아예 입을 다물어버리는 일도 종종 생긴다. 비정상이라고, 위험하다고, 열등하다고, 병들었다고 묘사되는 사람, 자신의 피부색에 대해, 자신의 성정체성이나 자신의 종교 혹은 단순히 머리에 쓴 것에 대해 늘 변명해야 하는 사람은 자유롭고 가벼운 마음으로 말할 수 있는 능력을 잃어버리기 쉽다.[47]

곧잘 간과되는 치욕의 요소가 한 가지 더 있다. 어떤 말과 몸짓, 어떤 관행과 신념이 언제 어떻게 한 사람을 배제하고 상처 입히는지 그 피해를 당하는 사람이 **스스로** 지적한다는 것은 몹시 불편한 일이라는 사실이다. 적어도 나의 경우에는 그렇다. 마음속으로 나는 **모든 사람이**, 비록 자신에게 해당하지 않는 일이라도 부당한 일이 있으면 그 사실을 의식하기 바란다. 모욕과 멸시를 당하는 희생자들뿐 아니라 **모든 사람이** 그런 모욕은 당연히 상처가 된다고 생각하게 되기를 바란다. 그것은 다른 사람들에 대해 내가 품는 도덕적 기대, 아니면 좀 더 부드럽게 말해서 내가 속한 사회에 대한 신뢰다. 그런 점에서 다른 누군가가 개입해주기를 기대하지만 아무도 그러지 않을 때는 몹시 실망스럽다.

스스로 자신을 변호하려면 언제나 뭔가(두려움뿐 아니라 수치심까지)를 극복해야 한다. 어떤 일이든 저항하거나 반박하려면 자신의 상처를 먼저 언급해야 한다는 굴욕이 전제된다. 한나 아렌트는 "사람은 공격당한 것만 방어할 수 있다"고 말했다. 아렌트는 자신이 유대인이라는 이유로 공격당할 때 유대인으로서 반응했다고 말한 것이다. 그 말은 또한 자신이 누구로서 공격당하는지 늘 자문해야 하고, 그런 다음 누구로서 말하는지도 맥락에 넣어 생각해야 한다는 것을 의미한다. 다른 사람들에게 보이지 않는 존재, 괴물 같은 존재로서인가? 몸짓과 언어, 법률과 관습을 통해 일상적 삶을 제한받고 괴롭힘당하는 사람으로서? 아니면 그런 인식 패턴과 속성규정, 그러한 증오를 더 이상 참지 않겠다고 결심한 사람으로서?

특히 더 고통스러운 사실은 멸시당해 느끼는 깊은 우울감은 좀처럼 겉으로 표현하기가 어렵다는 점이다. 자신의 상처에 대해 분명히 말하려 하는 사람, 늘 한결같은 배제의 방식에서 느끼는 비애를 더 이상 억누르지 않으려 하는 사람은 흔히 '분노한' 사람으로('분노한 흑인 남성', '분노한 흑인 여성'이라는 묘사는 무력함에서 오는 절망감을 근거 없는 분노인 것처럼 재구성하려는 표현), '유머감각이 없는' 사람으로(페미니스트와 레즈비언 여성에게 가장 흔히 가져다 붙이는 표현), 자신의 고통스러운 역사로부터 '이득을 취하려는' 사람으로(유대인에 대해) 취급된다. 이 모든 폄훼하는 표현들은 무엇보다 혐오와 구조적 멸시의 희생자들이 스스로 방어할 가능성마저 빼앗는 역할을 한다. 저런 수식어들을 덮어씌우면 희생자들은 말을 꺼내기조차 어려워진다.

한 번도 멸시당해본 적 없는 사람, 한 번도 사회적 경멸에 맞서 방어할 필요를 느낀 적이 없는 사람, 보이지 않는 존재 또는 괴물 같은 존재로 만드는 틀에 갇혀본 적 없는 사람은 모욕당하거나 상처를 입는 순간에도 '분노한' 사람이나 '유머감각 없는' 사람, '탐욕스러운' 사람이라는 말을 듣지 않으려고 아무렇지 않게 **유쾌한 척 고마워하는 척** 행동해야 한다는 것이 얼마나 어려운 일인지 상상도 못할 것이다. 체계적 모욕과 경멸 앞에서도 제발 좀 '태연하게' 굴라는 그러한 암묵적 기대는, 모욕을 당해도 흥분하지 말아야 한다는 전제를 깔고 있다는 점에서 피해자에게 또 하나의 부담을 가중시킨다.

아마도 그 때문일 것이다. 에릭 가너의 동영상에서 내게 가장 가슴 아프고 쓰라리게 다가온 부분이 수없이 인용된 "I can't breathe"를 외치는 부분이 아닌 이유는. 나에게 가장 인상 깊게 새겨진 순간은 경찰관들이 그를 덮치기도 전에 에릭 가너가 "It stops today"라고 말하는 순간이다. 그 말을 할 때 그의 목소리에서 묻어나는 좌절감. 수없이 검문당하고 체포당하는 것을 더 이상 참을 수 없게 된 사람이, 영원히 모욕당하고 멸시당하는 흑인의 역할을 태연하게 받아들여야 하는 부당한 연극에서 더 이상 그 역할을 받아들이지 않기로 한 사람이 "이런 일은 오늘부로 끝나야 돼"라고 말한 것이다. 이때 '이런 일'에는 지하철에서 '보이지 않아' 밀쳐져 바닥에 쓰러진 소년 같은 사람들, 또는 이미 의식을 잃고 수갑을 찬 채 바닥에 쓰러져 있는데도 위험한 인물로 간주되는 에릭 가너 같은 사람들을 보이지 않는 존재로 혹은 괴물 같은 존재로 만드는 시선도 포함된다.

그 장면이 그토록 마음을 사로잡은 것은 내가 에릭 가너를 어떤 사람으로 기억하고 싶은지를 분명히 깨닫게 해주었기 때문인지도 모른다. 동시에 들러붙은 몇 명의 경찰관에게 깔려 바닥에 꼼짝없이 누운 몸뚱이로서만이 아니라, 죽기 전에 '나 숨 못 쉬어'라는 말을 간신히 토해낸 사람으로서가 아니라, "이젠 진절머리가 나. 이런 일은 오늘부로 끝나야 돼"라고 말한 사람으로, 이의를 제기한 사람으로, 끝없이 계속되어온 검문과 몸수색의 역사, 백인 경찰의 폭력 앞에서 흑인들이 느꼈던 기나긴 공포의 역사를 멈추고자 하는 사람으로 그를 기억하고 싶은 것이다. 고통과 괴로움이 묻어나는 "I can't breathe"라는 절규를 통해 가너는 전 미국에 자신의 뜻을 제대로 알린 것인지도 모른다. 그것은 미국의 고질적인 경찰 폭력을 고발하는 외침이었다. 주위의 경찰관 모두가 분명히 들었을 "I can't breathe"는 경찰들의 냉담함을 보여주는 증거다. 어떤 흑인이 숨을 쉬든 말든, 그가 죽을 수도 있는 상황이거나 말거나 자기들한테는 아무래도 상관없다는 태도다. 그런 냉담한 태도는 그렇게 해도 심각한 처벌을 받지 않는다는 것을 아는 자만이 보일 수 있는 것이다.

반면 "이런 일은 오늘부로 끝나야 돼"라는 말은 이 학대의 순간 자체만이 아니라, 오래전에 그 열기가 식어 인종차별과 제도적 배제의 관행 안에 자리 잡은 수백 년 된 혐오의 구조에 대해 하는 말이기도 하다. "이런 일은 오늘부로 끝나야 돼"는 또한 워낙 오래된 것이니 달라지지 않을 거라는 주장을 생각 없이 받아들이는 사회적 묵인에 대한 말이기도 하다. 에릭 가너는 "이런 일은 오늘부로 끝나야 돼"라는 말로써 자신의 주관적 존엄을, 그 존엄을 더 이상 박탈당하지 않으려는 한 개별자로서 선언한 것이다.

그리고 모두가 지켜야 할 것도 바로 그 존엄이다. 스태튼 아일랜드에서든 클라우스니츠에서든 이 증오, 이 폭력은 "오늘부로 끝장나야 한다." 감정을 정치적 논증으로 끌어올리는 포퓰리즘, 명백한 인종주의를 뻔뻔하게 은폐하는 '불안'과 '걱정' 같은 수사적 가리개는 "오늘부로 끝장나야 한다." 모든 감정적 혼란과 내면의 천박함과 그릇된 음모론적 확신을 침범할 수 없고 진실하고 가치 있는 것으로 여기고 그럼으로써 비판적 자기반성과 타인에 대한 감정이입의 가능성을 차단해버리는 공적인 담론은 "오늘부로 끝장나야 한다." 증오를 자기들이 의도하는 방향으로 몰아가는 패턴과, 먼저 표준을 규정하고 그런 다음 거기서 벗어나는 이들에게 낙인을 찍어 배제하는 패턴은 "오늘부로 끝장나야 한다." 사람을 "보지 못해서" 밀쳐 바닥에 쓰러뜨리고도 아무도 그들이 일어나도

록 돕지 않고 사과하지 않는 그러한 내적 성향은 "오늘부로
끝장나야 한다."

*

2

동질성 – 본연성 – 순수성

Gegen Den Hass
Carolin Emcke

＊

> "고향은 사람의 출발점
> 우리가 나이 들수록
> 세상은 점점 더 낯설어지고, 구조는 점점 더 복잡해지네."
>
> – T. S. 엘리엇Thomas Stearns Eliot, 『네 개의 사중주Four Quartets』

『성서』의 「사사기(판관기)」에 나오는 타자의 배제에 관한 이야기는 오래되었지만 지금도 여전히 시의적절하다. "그러자 길르앗인들이 에브라임으로 가는 요르단 강 여울목에 자리를 잡았다. 그러고는 도망가는 에브라임 사람이 '강을 건너게 해주시오!'하고 말하면, 길르앗 사람들은 이렇게 물었다. '너는 에브라임 사람이냐?' 그래서 '아니요!'하고 대답하면 그에게 쉬볼레트Schibbolet라는 단어를 말해보라 하였다. 하지만 에브라임 사람은 그 단어를 제대로 발음할 수 없기 때문에 '시볼레트Sibbolet'라고 말했고, 그러면 길르앗인들은 그를 붙잡아 요르단 강 여울목에서 때려죽였으니, 당시 죽은 에브라

임 사람이 4만 2천 명이었다."(『사사기』 12장 5~6절)

　그러니까 '쉬볼레트'라는 단어(히브리어로 '곡식의 이삭'을 뜻한다) 하나가 누가 강을 건너도 되는 사람인지, 누가 같은 편이고 누가 그렇지 않은지를 판가름했다는 것이다. 그들 편에 속하고 싶다고 **소망해도**, 자신의 출신을 저버리고 새로운 고향을 받아들이겠다고 공언해도 아무 소용없었다. 대신 단어를 어떻게 발음하는지를 시험했다. '쉬볼레트'라는 단어를 제대로 발음할 수 있는지 없는지 하는 그 부수적인 능력이 같은 편인지 아닌지를 결정한 것이다. 그 한 단어가 '우리'와 '그들'을, '토착민'과 '이방인'을 구분하는 암호였다.

　『사사기』가 들려준 이야기에 따르면 에브라임 사람들에게 그것은 생존이 걸린 시험이자 결코 풀 수 없는 문제였다. 그들이 요르단 강을 건널 통행권은 아주 작은 디테일 하나에, 바로 쉬볼레트라는 단어의 '쉬' 발음에 달려 있었다. 그들이 그 암호를 말하면 잘못된 발음이 나왔다. "그들은 그 단어를 발음함으로써 자신이 그런 식으로 암호화된 특징을 구별할 수 없다는 사실을 누설했다."[1] 소속의 판단 기준은 누군가에게는 있지만 다른 누군가에게는 없는 어떤 것이다. 그것은 명백히 에브라임 사람들은 인지할 수 없는 특징이었다. 그들에게는 **단 한 번**의 기회와 결코 풀 수 없는 과제 하나만이 주어졌다. 이 옛이야기에서 길르앗 사람들을 구분할 수 있는 단서가 무엇인지는 알 수 없다. 그들의 생활환경과 공동체를 규정했을 종교 및 문화적 신념에 대해서도, 제의 같은 관습이나 관행에 대해서도 전혀 언급이 없다. 또한 에브라임 사람들을 부적합하고 통합할 수 없으며 위험한 사람들로 보는 이유도 전혀 제시하지 않는다. 상당히 자의적이고 융통성 없는 차이에 불과한 쉬볼레트라는 단어 하나로 사람들을 타자이자 심지어 적으로 규정하고 살해해도 된다고 판단한 것이다.

쉬볼레트에 관한 옛이야기는 오늘날에도 여전히 시의성이 있다. 그것은 사회가 개별적인 개인이나 집단 들을 거부하고 경시하는 모든 자의적 방식에 관한 이야기이기 때문이다. 이 이야기는 이른바 '유일하게 올바른' 신앙의 형태나, 한 민족 또는 한 국가, 한 사회질서에 '유일하게 정당'하게 속한다는 주장의 근거를 자의적으로 정하고, 거기서 벗어나는 모든 것에 가하는 폭력을 정당화하는 배제의 기준과 암호를 만들어 내는 모든 반자유주의적이고 광신주의적인 사상에도 그대로 적용할 수 있다. 암호와 배제의 결과는 옛이야기와 다를지 몰라도 포용과 배제의 수법들은 비슷하다. '우리'와 '타자들'을 구분하는 데 어떤 기준과 분리선을 사용하는지, 그것을 사회적 인정에만 국한해 적용하는지 아니면 시민권까지 제한하는지는 각 이야기마다 다를 것이다. '쉬볼레트'가 낙인찍기에 **만** 사용되는 경우도 있지만, 심지어 폭력을 정당화하고 실행하는 데 이용되는 경우도 있다.

어떤 사회적, 문화적 공동체에 특유의 관습과 신념이 존재한다는 사실 자체는 문제가 아니다. 사적인 집단이나 조직에도 당연히 나름의 입회원칙이 있다. 종교공동체도 자신들의 종교적 특징이 뚜렷이 드러나는 특정한 의식과 교리를 정해둔다. 여기에는 정해진 휴일을 엄격히 지키는 일이나, 옷차림에 관한 규정이나 기도 의식을 지키는 일, 자선과 보시를 실천하는 일처럼 기본적인 교리부터 삼위일체나 윤회를 믿는 일까지 포함된다. 이런 관습과 신념은 자연스럽게 그 공동체에 속하(기를 원하)는 이들과 속하지 않(기를 원하)는 이들을 구분하는 기준이 된다. 신교도와 가톨릭교도, 대승불교와 소승불교의 불자들도 그렇게 구분되며 또한 구분되기를 원한다. 그것은 전적으로 정당한 일이다. 물론 이런 규정들도 내부로 들어가면 겉으로 인정하는 것보다는 더 큰 논쟁의 대상이며, 역사적 시기와 여러 세대를 지나며 더 취약해지기도 한다. 그러나 무엇보다 이 공동체들은 잠정적으로 자신들에게 소속되기를 원하는 이들을 향해 열려 있다. 그들은 입회와 이

동을 허용하는 서사들을 고안하고 전파한다. 또한 다른 공동체와의 차이점을 자동적으로 폭력을 허용하는 근거로 삼지도 않는다.[2]

오히려 여기서 내가 흥미를 느끼는 것은 이른바 한 민주국가 또는 한 민족, 한 사회질서의 특징이라고 주장되며, 동시에 특정한 개인들 또는 집단 전체를 '이방인' 또는 **적**이라고 선언해 그들을 법률공동체에서 배제하는 사회적, 문화적, 물리적 암호들을 산출해내는 '이야기들'이다. 최근 더욱 부각되는 과격한 세계관이나 이데올로기를 이끌어가는 동력, 그리고 반복적으로 등장하는 주제와 개념 들도 나의 관심사다. 사회운동이나 정치행위자는 바로 이런 것들을 끌어대며, 갈수록 더 광신적으로 치닫는 자신들의 입장(그리고 때로는 폭력까지)에 대한 근거로 삼으려 한다. '참된' 민족과 '참된' 문화와 '참된' 공동체, 그리고 폄하하고 공격해도 문제되지 않는 '참되지 않은' 타자들이라는 대립 구도를 구축하는 전략을 나는 곰곰이 들여다보았다.

"다름은 불평등으로, 같음은 동질성으로 변질된다." 츠베탕 토도로프Tzvetan Todorov는 『아메리카 정복La Conquête de l'Amérique』에서 이렇게 말했다. "이는 타자와 맺는 관계의 여지를 필연적으로 제한하는 두 가지 특징이다."[3]

토도로프는 반자유주의의 계기를 정확하게 포착한 것이다. 즉, 사람들 사이의 시각적, 종교적, 성적, 문화적 차이는 단순히 사람이나 집단 사이의 차이로만 남는 것이 아니라, 그 차이들로부터 **사회적 불평등 또는 법률적 불평등**이 도출된다. 또한 자신들이 표준이라고 생각하는 다수로부터 아주 조금이라도 벗어나는 사람은 순식간에 단순히 '다른' 것 정도가 아니라 '틀린' 것으로 인식하고, 그럼으로써 무방비 상태로 선언한다. 절대적인 같음만이 동질성으로 간주되고, 다른 모든 것은 배제하고 거부해야 마땅하다고 주장된다.

우연적이거나 태생적인 차이점들을 골라내어 사회적 인정, 심지어 인권과 시민권에까지 연관 지으려는 현재의 세태는 과연 어떻게 보아야 할 것인가? 민주국가에서 사회운동이나 정치공동체가 평등한 대우를 위한 기준들을 정할 때 그 사회의 시민 중 **특정한** 일부만이 가지고 있는 조건, 특정한 신체적 특징이나 신앙 또는 특정한 사랑이나 말하기의 방식을 갖고 있는 사람들만이 충족할 수 있는 조건을 기준으로 정한다면 어떤 일이 일어날까? 그리고 이런 특징들에 따라 인권과 시민권을 온전히 인정해줄 사람과 멸시하거나 학대하거나 추방하고 살해해도 괜찮은 사람을 구분한다면?

비현실적인 예를 상상해보자. 만약 독일에서 왼손잡이에게만 사상표현의 권리가 인정된다면, 절대음감을 지닌 사람만 목수 교육과정을 통과할 수 있다면, 여성만 법정에 증인으로 나갈 수 있다면, 공립학교에서 유대교의 휴일만 지킨다면, 동성애자 커플만 아이를 입양할 수 있다면, 말을 더듬는 사람은 공공 수영장에 들어갈 수 없다면, 축구팀 샬케FC Schalke04의 팬들에게는 집회의 자유가 허용되지 않고, 발 사이즈가 300 밀리미터 이상인 사람만 경찰이 될 수 있다면. 이 모든 경우에서 자의적인 규칙들이 사회적 인정과 자유권, 기회와 지위를 결정한다. 소속이나 허가를 결정하는 각각의 기준들이 특정한 업무를 수행하거나 임무를 맡는 데 필요한 능력과 전혀 무관하며, 자유롭고 자율적인 삶을 살아갈 권리와도 근본적으로 무관하다는 것을 쉽게 알 수 있을 것이다.

현재 벌어지고 있는 차별과 배제 중에도 위 예에서 본 것 못지않게 자의적이고 불합리한 것들이 많다. 그 차별과 배제의 메시지가 담긴 이야기(또는 그것을 규정한 법률)들은 기나긴 전통을 갖고 있고, 그 전통적 이야기에 담긴 쉬볼레트들은 너무 많이 반복되어서 이제는 미심쩍다고 느끼지도 못할 만큼 무감각해졌다. 포용과 배제의 기준들은 사회적 인식의 거름망에 걸리지 않을 정도로만 오래된 것이면 된다. '토착민'과 '이방인'을, '진짜' 가족과 '가짜' 가족을, '진짜' 여자와 '가짜' 여자를, '진짜' 유럽인과 '가짜' 유럽인을, '진짜' 영국인과 '가짜' 영국인, '우리'와 '타자들'을 가르는 분리선을 이렇게 큰 소리로 공공연하게 떠들어대는 것은 최근 들어 새롭게 생겨난 현상이다.[4]

현재 사용되는 포용이나 배제의 메커니즘을, 즉 어떤 이야기와 어떤 구호로 사람들을 분류하는지 살펴보는 것이 중요하다. 누가 소속되고 누구는 안 되는지, 누가 포함되고 누구는 배제되는지, 누구에게 권력이 주어지고 누구에게는 무력감만 주어지는지, 누구에게 인권이 주어지거나 부정되는지. 이는 말해지거나 말해지지 않은 장치들, 몸짓과 법률, 행정적 방침 또는 미학적 전제들, 영화와 그림 들 속에 그 근거를 마련해둔다. 이를 통해 어떤 사람들은 받아들일 수 있는 사람, 소속된 사람, 가치 있는 사람으로, 또 어떤 사람들은 열등하고 적대적인 이방인으로 판별된다.

*

요즘 특정한 정치운동들은 유난히 자신의 정체성을 **동질적인 것**, **본원적(혹은 천부적)인 것** 또는 **순수한** 것으로 규정하기를 좋아한다. 국가나 지역이 각별한 권위를 부여하든, 종교공동체가 더 높은 정당성을 제공하든, 또는 민족이 자신들의 독점적 권리를 주장하든, 그렇게 확증된 '우리'의 자기 묘사에는 **동질성, 본원성, 순수성** 중 적어도 한 가지 요소는 반드시 등장한다(그 '우리'가 동유럽 이민자들을 막아내려는 '원래의' 영국인들이든, 무슬림들에 맞서 '순수한' 서양을 지키겠다는 〈페기다〉의 추종자들이든). 세 요소 모두 등장하는 경우도 많다. 다양한 운동과 공동체에서 발견되는 이 요소들은 반자유주의적 정체성 정치의 가능성을 암시한다. 분리주의 운동과 민족주의 정당 또는 유사종교적 근본주의자 들은 서로 정치적 자기위치 설정이나 야심은 크게 다르고 옹호하는 행동전략(또는 폭력)도 서로 다를지 모르지만, 모두 동질적이고 본원적이며 순수한 공동체라는 유사한 표상을 추구한다.

동질성
– 민족, 국가라는 공동체

유럽의 민족보수주의 또는 우익대중주의 정당 중 지역선
거나 전국선거에서 성공을 거둔 거의 모든 정당, 이를테
면 네덜란드의 〈자유당PVV〉(2012년, 10.1%)과 프랑스의 〈국
민전선〉(2012년, 13.6%), 오스트리아의 〈오스트리아자유당
FPö〉(2013년, 20.5%), 헝가리의 〈헝가리시민동맹Fidesz〉(2014
년, 44.9% – 여당), 영국의 〈영국독립당Ukip〉(2015년 12.6%), 스
웨덴의 〈스웨덴민주당SD〉(2015년, 12.9%), 핀란드의 〈진정
한 핀인(핀인당)FP〉(2015년 17.7% – 연정여당), 덴마크의 〈덴
마크인민당DF〉(2015년, 21.2% – 연정여당), 스위스의 〈스위스
인민당SVP〉(2015년, 29.4% – 연정여당), 폴란드의 〈법과 정의

PiS〉(2015년, 37.6% - 여당)는 문화적, 종교적으로 **동질적인** 국가 또는 경우에 따라서는 **동질적인** 국민이라는 (희망사항을 담은) 관념을 주장한다.

'국민Volk'이라는 개념에 의지하는 것은 일단 여러 의미로 해석할 수 있다. 그 단어로써 무엇을 의미하려는 것일까? 누가 그 '국민'이라는 것일까? '국민'에 호소하는 많은 정치운동들은 국민을 반민주적이거나 배타적인 의도와 연결하는 것이 아니라 오히려 해방적이고 포용적인 의도와 연결한다. 그들은 '우리**도** 국민이다'라는 문장으로 자기 뜻을 표현한다. 분명히 자신들과 관련된 일인데도 정치나 법률적 의사결정 과정에 자신들이 충분히 받아들여지지 않아서, 완전히 또는 부분적으로 배제된다고 느끼는 것이다. 그들은 정치뿐 아니라 미디어도 자신들을 충분히 대표하지 못한다고 느낀다. 좌파든 우파든 많은 사회운동과 정치운동은 자신이 속한 국가 또는 유럽연합EU의 의회민주주의에서 국민 참여가 부족하다고 비판한다. 그리고 정치적 결정이 충분히 공적이고 투명한 의사결정 과정을 거치지 않는다는 단점을 지적하며 유럽연합 같은 정치적 구성체의 영역에서 정당성이 결핍되었다고 개탄한다. 이렇게 비판할 때 그들이 호소하는 것은 공화주의가 약속하는 인민주권이다.

장 보댕Jean Bodin과 장 자크 루소Jean-Jacques Rousseau의 전통에서 '인민Volk'이란 양도할 수 없는 주권을 부여받은 자유롭고 평등한 이들로 이루어진 공동체로서 구상되었다. 인민주권을 이렇게 개념화할 때 입법의 권한은 스스로 결정하는 인민들에게서 나오는 것이지 그들의 대표자에게서 나오는 것이 아니다. 여기서 구상된 인민은 실제로 참여해 자신의 운명에 대해 협상하고 결정할 수 있는 사람들이다. 그리고 그런 일을 하려면 끊임없이 새롭게 토대를 놓는 행위로서의 정치적 의사결정이 필요하며, 정치공동체는 바로 이 의사결정 과정을 통해 비로소 만들어진다. 따라서 이런 공화주의적 전통에서 인민은 절대적으로 주어진 것이 아니라, 서로 논쟁하고 성장하면서 사회계약을 통해 비로소 구성되는 것이다.[5]

*

그러나 자유롭고 평등한 이들로 이루어진 인민이라는 모형도 하나의 역사적 허구다. 사실상 **모든** 사람이 자유롭고 평등하다고 간주된 적은 한 번도 없었다. 더 정확하게 말하자면, 역사상 모든 사람이 다 사람으로 간주된 적도 한 번도 없었다. 물론 프랑스 혁명가들이 군주를 몰아내고 그 빈자리를 주권을 지닌 인민들로 채우기는 했지만, 유감스럽게도 그들이 구상한 민주사회는 흔히 주장하는 것처럼 그렇게 포용적인 적이 한 번도 없었다. 여자와 이른바 '이방인'은 시민권에서 제외되었고, 이것이 너무나 당연한 일인 것처럼 명백한 근거 제시를 요구받은 적도 거의 없었다. 과거 신분제의 특권 청산을 목표로 했던 민주적 국민과 국가도 결국 서로간의 구별을 통해서 형성된 것에 지나지 않는다.

이는 특히 주권을 지닌 인민이라는 관념과 자유롭고 평등한 사람들 사이의 사회계약의 역사를 설명하는 언어를 보면 잘 드러난다. 초기부터 정치질서는 **신체성**Körperlichkeit의 개념으로 기술되었다. 모든 사람(즉, 모든 자율적인 개인)의 민주적 의지로 여겨졌던 것이 어느새 전체(즉, 불특정한 한 집단)의 의지로 바뀌어버린 것이다.[6] 제각각의 다양한 목소리와 관점이 서로 논쟁해 공통된 입장과 신념 들을 찾아내고 타협하는 과정을 거쳐 전체라는 동질적 단위를 만들어낸다. 사회를 하나의 신체로 상상하는 언어적 이미지는 정치적으로 매우 중요한 연상 작용을 일으킨다. 몸이란 확정되고 완결된 것이며, 그 경계를 설정하는 피부로 둘러싸여 있다. 몸은 병균과 박테리아로 유발되는 질병에 취약하다. 몸은 건강해야 하고 전염병으로부터 보호해야 한다. 그러나 무엇보다 중요한 것은 몸이 하나의 단일한 전체라는 점이다.

이렇게 정치 언어에 (그럼으로써 정치적 상상에까지) 생물학적 성격이 더해지면, 의료의 맥락에서 사회의 맥락으로 넘어온 위생이라는 개념이 정치에 연결되면서 부각된다. 그러면 문화와 종교의 다양성은 동질적인 인민의 신체 건강을 위협하는 것으로 여겨진다. 일단 이러한 생물정치학적 인식의 틀에 사로잡히면, 자신과 다른 '이방인'을 접촉하면 감염될 것이라는 공포도 급속도로 퍼져나간다. 이질성은 단순히 다르기만 한 것이 아니라 건강하고 동질적인 국가의 몸을 자극하고 오염시키는 것이다. 이러한 비유와 함께 집착적이고 건강염려증적인 정체성이 생겨나고, 늘 다른 관습과 신념에 감염될까봐 두려워하게 된다. 국가적 표준이라고 정의된 것과 조금이라도 이질적이거나 차이가 있는 것은 문화적 또는 종교적 비말감염을 통해 전염병처럼 퍼져나갈 거라고 생각하는 것처럼. 그렇다고 해서 (비유의 맥을 이어가자면) '문화의 면역체계'를 특별히 튼튼하게 해야 한다고 주장하는 것도 아니고, 그저 다른 몸과 만나는 모든 일은 곧바로 위협으로 여겨 두려워하고 기피해야 한다고 생각할 뿐이다. 반드시 건강을 유지해야만 하는 국가의 몸이라는 생물정치학적 환상은 아주 작은 차이 앞에서도 공포를 촉발한다.

현재 많은 이들이 키파든 베일이든 종교성을 띤 머리쓰개를 보면 불안해하는 이유가 이로써 잘 설명된다. 기독교 신자는 무슬림 여성의 머리쓰개(히잡)나 유대인의 키파를 보는 것만으로도 기독교인이라는 정체성이 무너진다고 생각하는 것 같다. 마치 그 머리쓰개가 그것을 쓰고 있는 사람의 머리에서 쳐다보는 사람의 머리로 옮겨갈 것처럼. 참으로 허무맹랑하고 우스운 일이다. 머리쓰개를 반대하는 한 부류는 베일 **자체가** 여성을 억압하는 것이라고 주장하며(그럼으로써 어떤 여성도 자발적으로 머리쓰개를 할 리는 없다고 전제한다) 그러므로 금지하는 게 마땅하다고 역설하지만, 또 다른 이들은 머리쓰개 때문에 **자기 자신**과 세속사회가 위협받는다고 여긴다.[7] 마치 그 헝겊조각이 그것을 쓴 사람뿐 아니라 멀리서 보는 사람까지 구속한다는 듯이. 두 반대 모두 여성이 받는다고 추정되는 그 억압이 머리쓰개 자체가 아니라, 여성에게 본인이 바라지 않는 특정한 관행을 강요하는 사람이나 구조에서 나온다는 것을 제대로 이해하지 못하고 있다. 그러므로 가부장적이고 종교적인 환경에서 형성된 머리쓰개를 쓰라는 명령이나, 가부장적이고 반종교적인 환경에서 형성된 머리쓰개를 쓰지 **말라는** 명령이나 두 가지 모두 똑같은 정도로 강압적인 요구로 느껴진다.

자유로운 종교 선택의 권리를 보장하는 동시에 여성의 권리도 보호하고 신장하고자 하는 세속적 사회라면 언제나 여성의 자기결정권을 진지하게 받아들이는 방향을 유지해야한다. 그리고 그것은 (어떤 형식이 되었든) 경건한 삶의 방식 또는 특정한 실천 방식을 **원하는** 여성들이 있음을 인정해야한다는 의미이기도 하다. 여성이 머리쓰개를 쓰기 원한다면 그 바람 **자체**에 대해 제삼자가 비이성적이라거나 비민주적이라거나 불합리하다거나 터무니없다고 말할 권한은 없는 것이다. 그러한 뜻을 존중하고 보호해야 하듯이, 그런 식의 신앙심(혹은 종교적 실천)에 **반대**하거나 그럼으로써 어쩌면 자신이 속한 가족의 전통적인 종교에 반대하겠다는 뜻 역시 똑같이 존중하고 보호해야 한다. 유럽의 세속적 사회들은 이런 두가지 결정과 삶의 구상 모두 주관적으로 선택할 권리를 똑같이 존중해야 한다. 반면 공무를 수행할 때 머리쓰개를 착용하는 문제는 좀 더 복잡하다. 여기서는 기본법 4조 1항과 2항에서 개개인에게 보장하는 신앙과 양심, 종교, 세계관의 자유가, 종교와 세계관에 대한 중립성을 지킬 국가의 의무와 충돌할 수 있기 때문이다. 이 문제는 물론 교실에서 기독교의 십자가 목걸이를 착용하는 문제와도 다르지 않다.[8]

그렇다면 그 점을 제외하고 머리쓰개 때문에 그렇게 불안해할 이유가 뭘까? 결국 이 문화적 종교적 상징이 보여주는 것은 단지 자신과 종교가 다른 사람들이 존재한다는 사실뿐이다. 그것이 그렇게 화를 낼 이유일까? 공적인 장소에서도 다양성을 볼 수 있게 되면 더 이상 그것을 극렬하게 부정할 수 없게 되기 때문일까? 기존의 국가적 표준에서 벗어나는 사람들이 더 이상 조용히 숨어 살지 않아도 되어서 일상적으로 그들의 모습을 보고 말을 들을 수 있게 된다면 어떨까. 이를테면 그들이 영화에 주연이나 조연으로 지극히 자연스럽게 등장하고, 교과서에 신앙이나 사랑이나 외모의 한 형태로 기술되거나, 다른 유형의 화장실을 설치해 지금까지 사용해온 화장실의 구조가 보편적인 것이 아님을(모든 사람이 남녀로만 구분된 화장실 사용을 편히 여기는 것은 아니므로) 분명히 알려준다면, 그렇다면 상상적인 '국민의 몸'이 위협당한다는 느낌은 더 이상 들지 않을 것이다. 그것은 현대 사회에서 표준이라는 그림자에 묻혀 보이지 않던 정상적인 다양성이 가시적으로 드러나는 일일 뿐이다.

인권침해가 소위 종교의 명령에 따른 실천으로 미화되는 경우는 또 다른 문제다. 그런 종류의 갈등 상황에서 법치국가는 종교집단의 요구에 맞서, 또는 피해당사자의 가족들에 맞서 개인의 권리를 지켜내야 한다. 여성할례나 어린이의 조혼 같은 끔찍한 관행에 대해 국가가 헌법의 이름으로 개입하는 것은 단순히 허용되는 정도가 아니라 반드시 해야 할 의무다. 문화적 관습법이 인권을 훼손할 수도 없고 훼손해서도 안 된다.

*

오늘날 유럽에서 또다시 '민족Volk'과 '국민Nation'에 호소하는 정치적 사회적 행위자들은 그 개념을 명백히 협소하게 사용하고 있다. 요컨대 'Volk'를 **데모스**demos**(인민)**로 이해하는 것이 아니라 주로 **에트노스**ethnos**(종족/인종)**로, 즉 같은 기원과 언어와 문화를 공유하는 일족에 소속된 사람들로 이해하는 것이다. **동질적** 민족 또는 **동질적** 국가를 꿈꾸는 정당과 운동 들은 자유롭고 평등한 사람들로 이루어진 (초국가적 혹은 국가적) 법률공동체라는 관념을 서슴없이 '뒤로 되돌려 청산하고자' 한다.[9] 그들은 사회가 수평축이 아니라 수직축으로 결합되어 있다고 믿고 싶어 한다. '우리'에 속하는지 여부를 결정하는 것은 민족적 기원과 종교적 기원이지, 공통의 행동이나 공통의 헌법, 숙의민주주의deliberative democracy의 개방된 절차가 아니라는 것이다. 참여의 권리도 세습된다고 여긴다. 그래서 부모나 조부모가 이민한 사람들이기 때문에 그 권리를 물려받을 수 없는 사람들은 남달리 특별한 업적, 특별한 신념고백, 표준에 대한 특별한 적응이 요구된다.

그렇다고 해서 그들이 현대국가에서 동질적인 문화나 민족이 이질적인 경우보다 **근본적으로** 더 낫다는 근거를 제시하는 일은 극히 드물다. 종교가 단일한 사회가 경제적으로 더 큰 성공을 거두는지, 문화적으로 단일한 사회가 생태위기를 더 잘 관리하는지, 그런 사회에서는 성원들 사이에 사회적 불평등이 더 적게 생기는지, 더 안정적인 정치질서를 이뤄내는지, 성원들이 서로 더 존중하는지 하는 문제라면 무척 흥미로운 주제일 것이며, 이 질문들에 대한 긍정적인 논증이 있다면 그것은 대단히 중요할 터이다. 하지만 동질적 '우리'를 지지하는 '근거'는 대부분 단순한 동어반복에 그친다. 동질적인 국가는 동질적이기 때문에 더 낫다는 식이다.[10] 또한 자신들이 지금은 다수이지만 곧 소수가 될 것이며, 타자를 배제하는 것은 말하자면 문화적 또는 종교적 예방활동이라는 주장도 종종 나온다. 〈독일국가민주당NPD〉과 〈독일을 위한 대안〉, 그뿐 아니라 〈영국독립당〉이나 프랑스 〈국민전선〉이 내세우는 표어에는 이런 시나리오가 깔려 있다. 즉, 국가는 생물학적 인종적 개념에 따라 '다르다'고 분류되는 이들에 의해 단순히 역동적이고 이질적인 상태가 되는 것이 아니라 '위축'되거나 '억압'되거나 '대체'된다는 것이다. 그러나 여기에도 **왜** 동질성을 그렇게 의미 있는 것으로 여겨야 하는지에 대한 논증은 담겨 있지 않다. 그저 '다르다'는 주장을 자신들이 다양성과 혼종성을 경멸하는 전제로 삼을 뿐이다.

지금 다시 열망의 대상으로 떠오르고 있는 문화적, 종교적으로 동질적인 현대국가라는 관념은 기이할 정도로 비역사적이고 사실과도 어긋난다. 이른바 한 국가의 동질적인 원세포라는 것, 즉 모두가 '토착민'이며 다른 곳에서 이주해온 이는 아무도 없고 다른 언어도 없으며 다른 관습이나 전통, 다른 신앙도 없는 국가라는 것. 그러한 단일민족국가가 마지막으로 존재했던 것이 언제인가? 어디에서? '국가'의 속성으로 이러한 유기적 단일성을 전제하는 것은 막강한 영향력을 발휘하기는 하지만 지극히 공상적인 구상일 뿐이다.[11] 그들이 소망하고 찬양하는 국가는 실제로 존재하는 공동체와 일치하지 않으며 단지 만들어낸 이미지로서의 국가일 뿐이다. 그런데 그들은 그 이미지에 맞추어 공동체를 동화시키(고 변화시키)려 한다. 이런 의미에서 본원적 국가란 존재하지 않으며, 언제나 존재하는 것은 본원적 국가라고 주장할 수 있고 거기에 일치하고 닮아가려고 노력하는 국가를 만들겠다는 결심

뿐이다.

베네딕트 앤더슨Benedict Anderson이 자신의 유명한 저서『상상의 공동체Imagined Communities』에서 말했듯이 고대의 마을들을 제외한 모든 공동체는 결국 '상상된 공동체'다. 모든 현대 국가의 구성원들은 실제로 인종이나 문화의 공통적 특징(언어, 혈통, 종교)보다는 공통된 소속이라는 상상을 훨씬 더 많이 공유하고 있다. "공동체가 상상의 산물이라고 하는 것은, 가장 작은 나라의 시민들이라고 해도 같은 나라의 시민들 중 대다수가 서로 알거나 만나보거나 이야기를 나눌 수 없지만, 그럼에도 그들의 의식 속에는 공동체라는 이미지가 생생하게 살아 있기 때문이다."[12]

한편 유럽의 민족보수주의 및 민족주의 정당들은 자신들이 **명확한** 고유의 전통을 갖고 있다고 주장한다. 따라서 자기네 역사를 두고 균열과 모호함, 다양성을 이야기하는 것은 모두 바로잡아야 한다고 주장한다. 이는 민족주의적 의제를 내세우는 유럽의 정치가들이 역사연구소, 박물관, 문화연구소, 교육기관, 교과서에 유달리 관심을 갖는 이유 중 하나다. 그들에게는 자신들의 동질적 국가 또는 민족이라는 관념에 어긋나는 모든 의견과 관점이 불편하기 때문이다. 이런 점을 감안하면 폴란드의 집권당인 〈법과 정의〉가 '폴란드 기독교화

기념일' 같은 축일들에 그렇게 가치를 두는 일이나, 헝가리에서 독립 언론들의 활동을 법률로 제한하려 하고 극장 같은 문화기관의 관직을 네오나치즘적 서사를 스스럼없이 다루는 작품들을 만든 이들에게 우선적으로 할당한 것도 그리 놀랄 일은 아니다. 〈독일을 위한 대안〉의 당 강령에도 문화기관들이 국가의 정체성 개념을 실질적으로 담아낼 도구라고 명시되어 있다.

그러나 〈독일을 위한 대안〉이나 〈페기다〉가 충성해야 한다고 느끼는 독일 민족 또는 독일 국가의 동질성 같은 것은 존재하지 않는다. 그것은 이른바 '비독일적'이라거나 '비서양적'이라고 주장되는 모든 이들을 배제함으로써 인위적으로 만들어낸 것일 따름이다. '진짜' 독일인과 '가짜' 독일인을 구별하는 분리선을 긋는 일에 다양한 쉬볼레트가 동원된다. 그 목적을 위해서라면 아무리 사소하거나 불합리한 것도 사용하지 못할 것이 없다. 〈페기다〉의 드레스덴Dresden 시위 당시 한 시위자는 장대 끝에 작은 분홍색 장난감 돼지를 매달고서 거리를 행진했다. 돼지머리 모양의 털모자를 쓴 사람도 있었다. 새끼돼지가 서양을 대표하는 상징이 된 것일까? 돼지에 문화적, 이데올로기적 야심이라도 응축되어 있는 걸까? 돼지에게 유감이 있는 건 아니지만, 서양의 정체성에서 중요한 특징으로 내세울 것이 정말 돼지고기를 먹는다는 점뿐이라면 서양은 정말로 우려스러운 지경에 처한 것이 맞다. 장난감 돼지를 들고 다니며 시위를 하는 것은 그나마 귀여운 수준이다. 독일 내에 이슬람 사원인 모스크mosque가 있거나 모스크를 지을 예정인 많은 장소에는 최근 몇 달 간 잘린 돼지머리들이 쌓였다. 이때 이 새로운 돼지고기 페티시는 무슬림들을 무시하고 모욕할 쉬볼레트일 뿐 아니라, 반유대주의에서 전통적으로 다루어온 주제이기도 하다.

2016년 5월에 킨더초콜릿 포장지를 둘러싸고 벌어진 에피소드를 보면 그들이 상상하는 민족국가가 어떤 종류의 것인지 좀 더 분명히 알 수 있다. 그들은 인종적으로 백인이자 기독교인의 공동체로서만 인지되기를 원하는 것이다.[13] 프랑스에서 열리는 유럽축구선수권 대회를 앞두고 페레로Ferrero 사가 킨더초콜릿 포장지에 실린 유명한 금발머리 소년의 얼굴 대신 국가대표 선수들—그중에는 일카이 귄도안Ilkay Gündğoan*, 사미 케디라Sami Khedira**, 제롬 보아텡Jérôme Boateng***이

---

* 터키계 독일인.
** 튀니지인 아버지와 독일인 어머니 사이에 태어남, 무슬림.
*** 가나인 아버지와 독일인 어머니 사이에서 태어남.

포함된다―의 어린 시절 사진을 포장지에 싣자 〈페기다〉 바덴뷔르템베르크Baden Württemberg 지구당이 그 결정에 항의하고 나섰다. 자신들 머릿속에 구축된 동질적 국가, '순수한' 민족이라는 이미지에 거슬리기 때문에 광고에서는 당연히 흑인인 독일인과 무슬림인 독일인은 보여주지 말아야 한다는 듯이 말이다.

비균질적 사회에 대한 거부, 헌법과 민주적 절차를 공유하는 자유롭고 평등한 시민들로 이루어진 국가에 대한 거부는 〈페기다〉나 〈독일을 위한 대안〉의 정치행위자들만이 표현하는 것은 아니다. 또한 〈독일을 위한 대안〉의 부당수 알렉산더 가울란트Alexander Gauland가 당당하게 말했다가 자기가 말했다는 사실을 부인했지만, 결국 그가 한 것이라고 알려진 말('사람들'이 보아텡을 축구선수로는 좋아할지 몰라도 '이웃으로는' 원하지 않을 것이라는 말인데, 이는 겉보기와 달리 보아텡을 '모욕'한 것은 아니다. 이 문장에서는 사실 보아텡에 관한 말은 없고 흑인과 이웃이 되기를 거부하는 '사람들'에 관한 말만 있기 때문이다)도 사실은 독일 안에서 일상적으로 일어나는 인종주의를 정확하게 묘사한 것이라고 할 수 있고, 이를 경험적으로 증명하고 수량화한 연구도 나와 있다.[14] 설문 참가자 중 26퍼센트가 "피부색이 검은 사람은 독일에 어울리지 않는다"라는 문장에 그렇다고 답했다. 그렇다면 가울란트가 한 말은 인종주의적 태도에 대한 예리한 분석으로 볼 수도 있겠다. 사실상 맥락이 거의 담겨 있지 않은 그 인용문만으로는 아무것도 읽어낼 수 없다. 하지만 가울란트가 원한과 편견, 혐오의 배경을 알아내는 일보다는 그 감정들을 옹호하고 이른바 심각한 염려로 정당화하는 데 더 관심이 있었다는 것은 충분히 짐작할 수 있다.

며칠 뒤 가울란트는《슈피겔Spiegel》과 한 인터뷰에서 신앙심 깊은 독일 국가대표 축구선수 메수트 외질Mesut Özil이 이슬람의 성지 메카Mecca*를 방문한 일에 대해 논평했다. "나는 축구에 관심이 없기 때문에 외질 씨가 어디로 가든지 별로 관심이 없습니다. 하지만 공직자나 교사, 정치가, 정책결정자의 경우에 관해서는 꼭 이 질문을 하고 싶군요. 독일 민주주의 체제는 메카를 방문하는 사람도 온전히 보호해줍니까?" 무슨 뜻이냐고 재차 묻자 〈독일을 위한 대안〉의 부당수는 자신의 입장을 이렇게 설명했다. "그 사람들이 충성하는 대상이 무엇인지 당연히 질문할 수 있어야 합니다. 그 대상이 독일의 기본법일까요? 아니면 이슬람, 그 정치적인 이슬람교일

• 이슬람교의 창시자 무함마드(Muhammad)의 출생지.

까요? 그리고 그는 카바Kaaba* 주위를 돌면서 그 정치적인 이슬람교에 대해 깊은 결속감을 표현할까요? 물론 외질 씨 같은 축구선수는 정책결정자는 아닙니다만."[15]

우선 놀라운 건 가울란트가 자기는 축구에 관심이 없다는 말을 누차 강조한다는 점이다. 물론 그것은 부당한 일은 아니다. 하지만 그가 축구에 관심이 없다는 사실은 그의 논리전개에서 아무런 역할도 하지 않는다. 만약 가울란트가 이슬람과 민주주의는 서로 양립할 수 없다고 암시한 것이라면 이슬람 신자인 무슬림은 축구선수든 고등행정법원의 판사든 똑같이 문제가 있는 것일 테니 말이다. 게다가 가울란트는 국가대표 축구선수가 대단히 유명하다는 점 때문에 공직자의 영향력보다 축구선수의 영향력을 더 염려하는 것 같다. 이것도 그렇다 치자. 가울란트가 내세운 입장의 문제점은 메수트 외질의 충성심이 아니라 오히려 가울란트 본인의 충성심을 미심쩍어 보이게 한다는 점이다. 기본법에 어긋나는 말을 한 사람은 외질이 아니라 바로 그 자신이기 때문이다. 모든 독일 국민은 산티아고길 순례든 메카 순례든 자유롭게 신앙생활을 할 수 있다. 그것은 가울란트도 잘 알고 있다. 그래서 그는 동

---

* 메카에 있는 이슬람 신전. 전 세계 무슬림은 카바를 향해 예배를 올린다.

시에 무슬림이 종교공동체라는 사실 자체에 의혹을 제기해야 했고, 아예 이슬람교가 종교라는 것도 부인해야 했다. 그리고 그러한 주장에 대한 '논거'로서 하필이면 아야톨라 호메이니Ayatollah Ruhollah Khomeini가 한 '이슬람은 정치적'이라는 말을 인용했다. 이는 민주주의에 대한 올바른 정의의 전거로서 적군파 공동창설자 안드레아스 바더Andreas Baader의 말을 인용하는 것과 비슷하다. 메수트 외질이 아니라 알렉산더 가울란트의 헌법에 대한 충실성이 의심스러운 상황이다. 외질은 기독교도든 종교가 없는 사람이든 세속적 민주주의 사회에서 제대로 보호받고 국가로부터 똑같은 권리와 보호를 보장받는다는 것에 이의를 제기하지 않는다. 외질은 자신의 신앙을 실천했을 뿐, 다른 사람들의 다른 관습이나 신념을 배반행위라거나 비민주적이라고 폄하하지도 않았다.

이어서 이 논쟁은 더욱 우스꽝스러운 국면으로 접어들었다. 〈독일을 위한 대안〉의 당수 프라우케 페트리Frauke Petry가 외질이 트위터에 사진을 올려 메카를 순례한 사실을 공개적으로 알린 것을 비난하는(마치 종교는 은밀하게 감춰야 하는 일인 양) 한편, 이어서 그와 함께 있는 여성들이 머리쓰개를 하지 않았다며 이번에는 그가 "율법을 따르지" 않고 있다고 비난한 것이다. 페트리가 외질을 비난한 이유가 정확히 무엇인지 분명하지 않다. 그가 이슬람교를 실천하는 무슬림이라서인지, 아니면 신앙심이 없는 무슬림이라서인지. 어쨌든 분명한 것은 〈독일을 위한 대안〉이 민주국가의 구성원리를 헌법 규정에도 어긋나게 정의하려고 할 뿐 아니라, 무슬림이 어떤 존재인지도 자의적으로 정의하려 한다는 것이다. 〈독일을 위한 대안〉이 생각하는 무슬림의 정의에 부합하는 이들은 이슬람 근본주의자뿐인 것 같다. 다른 종교의 신자들도 대부분 그러하듯 특정한 규율들은 지키고, 또 다른 규율들은 때로 지킬 때도 지키지 않을 때도 있으며, 또 어떤 규율들은 단순히 시대에 너무 뒤떨어졌거나 비현실적이라고 생각하는 개방적이고 관용적인 이슬람 신자는 페트리가 보기에는 무슬림이 될 수 없는 것이다.

*

본원성 / 본연성
– 성별의 본연성과 트랜스인

이른바 '우리'가 더 높은 위치에 있다는 믿음은 일종의 건국
신화를 주장하는 이야기에 그 뿌리가 있다. 자신이 갖고 있
는 신념이나 정체성은 어떤 본원적인 이데올로기나 본연의
질서에서 기인한 것이기 때문에 더 훌륭하고 더 중요하며 더
가치 있다고 믿는 것이다. 그것은 주로 가문의 전통이나 생활
방식의 전통을 다루는 과거지향적인 이야기다. 사회가 아직
'순수'했다고들 하는 과거, 같은 가치라는 것을 공유했고 같
은 관습의 지배를 받았던 과거, 이 상상 속의 옛날에는 모든
것이 '더 참되고', '더 진정하며', '더 옳았다'고들 한다. 그런
배경 앞에서 현재는 흔히 '타락'했거나 '부패'했거나 '병든'

것으로 표현된다. 개별적인 사람이나 행동, 입장은 본원적인 것이라 주장되는 그 이상에 얼마나 '진실하게' 부합하느냐에 따라 평가된다.

여기서 사람들을 폄하하는 데 동원되는 쉬볼레트는 개별적 속성이나 특정한 신체적 특징 또는 삶의 방식에 '부자연스러운' 또는 '거짓된' 것이라는 꼬리표를 붙인다. 그것은 이런 뜻이다. 뭔가(사람이나 개념이나 질서)가 과거 한때 그러했던 바와 다르다. 뭔가가 달라졌다. 뭔가가 '원래' 그랬던 바를 유지하지 않았다. 뭔가가 자연이 정해둔 혹은 의도한 바와 더 이상 같지 않다. 뭔가가 자연적, 사회적 질서에 이의를 제기했다. '부자연스러운' 혹은 '원래의 것이 아닌' 것에 대한 비판은 정치적 맥락이나 이데올로기의 맥락에 따라 '서구화'나 '올바른 신앙의 쇠퇴', '근대화의 병폐'라는 비난, '죄' 또는 '왜곡'이라는 비난과 연결된다.[16]

이 '자연스러움'과 '원래의 것'을 들먹이는 수사는 대부분 무엇이 '진정' 남자답고 여자다운 것인가, 트랜스인이나 남녀 한몸(간성)인 사람들을 어떻게 보아야 하는가, 무엇을 '자연스러운' 섹슈얼리티로 평가할 것인가, 동성애자나 양성애자나 성소수자를 어떻게 존중해야 하는가, 그리고 어떤 가족을 '참된' 가족으로 볼 수 있으며, 아버지와 어머니, 자녀로 구성된 전통적인 이성애 가족과 다른 모든 형태의 가족은 어떻게 인정할 것인가 하는 등의 질문의 맥락에서 자주 등장한다.[17]

성별의 '본연성'에 의지하는 것은 여러 이유에서 역사적으로 영향력도 효과도 크다. 성별마다 '본연의' 특성이 있다는 생각은 기독교의 상상력을 통해 전승되었고 신의 뜻이라는 표상과 결부되었다. 그렇게 신에 의해 자연스럽게 창조된 존재는 특별한 가치를 부여받고 그럼으로써 침해할 수 없는 어떤 가치를 지니게 된다. '자연스럽고', '원래적인' 성은 '정상성'을 규정하는 표준으로 볼 수 있고 그렇게 보아야 한다. 이 논리에 따르면 다른 모든 것, 모든 가변적인 것은 '부자연스럽거나', '불건전한' 것으로, 신이 '의도하지 않은' 존재로, 그럼으로써 '바람직하지 않은' 존재로 강등될 수 있다.

그러므로 그렇게 신성화된 성별의 '정상성'에 맞서는 전략 중 하나는 성별이 자연스러운 것이라는 주장이 하나의 이데올로기적 입장임을 폭로하는 것이다.[18] 대신 성별의 편성에서 나타나는 사회적, 상징적 차원들의 의미를 부각시킨다. 성별이 사회적으로 구성된 개념임을 논증해 밝혀내면 정치적, 규범적으로 자유로울 여지가 생겨난다. '남성성'이나 '여성성'이라는 것이 단순히 타고난 육체적인 사실이 아니라 오히려 다양한 존재양태를 결정하는 일련의 사회적, 정치적 합의들이라면, 그로부터 본원적인 '정상성'이나 가치는 도출할 수 없기 때문이다.

그러나 이 지점에서는 한 사람의 성별을 '천부적으로' 주어진 것이라고 보아야 하는지 사회적으로 구성된 것으로 보아야 하는지에 관한 질문은 일단 접어두자. 여기서는 이성애자들 간의 핵가족이 정말로 다른 관계나 삶의 형태들보다 역사적으로 '더 본원적'인지, 혹은 그 생각이 단순한 허구에 지나지 않는지 하는 질문도 건드리지 않을 것이다. 그것은 대단히 중요하고 까다로운 논의여서 이 자리에서 내가 재구성해본다 해도 매우 불완전할 수밖에 없기 때문이다. 여기서 나는 다른 논의 줄기에 집중하고자 한다. 내 관심을 끄는 것은 어떤 육체, 어떤 갈망, 어떤 삶의 형태가 지닌 본연성(혹은 본원성)이 **사회적** 혹은 **법적 인정**과 어떤 관계가 있는가 하는 문제다. 다시 말해서 '본연성'과 '본원성'이라는 범주를 믿는 사람들이 실제로 믿는 것은 정확히 무엇인가 하는 의문이다. 형이상학 이후의 계몽된 현대에, 뭔가가 과거 한때 이 세상에서 어떤 특정한 형식을 띠었다는 사실이 왜 어떤 권리 주장이나 더 높은 지위의 근거가 될 수 있다는 말인지. 권력의 정당화는 본원적, 본연적 질서라는 특정 관념과 어떻게 결합하는지.[19] 뭔가가 단지 2천 년(혹은 겨우 20년) 전에 어떠했다는 이유만으로 왜 오늘날 이 세속국가에서 어떤 가치의 높낮이가 결정되거나 인정을 받는지 못 받는지가 결정되어야 한다는 말인가? 실제로 헌법은 자연이 그 자체로 어떤 규범적 의미를 지닌다고 규정하고 있는가? 사이보그와 3D프린터, 혁신적 생물유전학과 합성생물학, 생식불임의학의 시대이자 인류세人類世에, 무슨 본연성 같은 개념이 아직도 권리 주장과 결부될 수 있다는 말인가?

*

트랜스인이란 타고난 외적 성징과 염색체와 호르몬의 범위가 본인이 몸소 느끼는 성별과 일치하지 않는 사람이다. 물론 그렇게 서술할 수 있다. 그러나 또 다른 서술도 가능하다. 트랜스인이란 할당된 소속성별이 본인이 느끼는 성별과 일치하지 않는 사람이다. 앞의 서술에서는 타고난 신체적 특징 또는 염색체와 호르몬이 중요하지만, 뒤의 서술에서는 신체적 특징과 할당된 소속성별을 연관 짓는 것 자체도 미심쩍은 일이라는, 혹은 역사 속에서 부수적으로 파생된 일이라는 판단이 담겨 있다.[20]

자신의 타고난 신체와 할당된 성역할이 서로 잘 맞는다고 느끼는 사람은 그런 상태를 상상하기 어려울 것이다. 그들은 흔히 '트랜스'라는 단어가 나오거나 트랜스인의 다양한 양상을 표현하는 데 쓰이는 기호인 별표 '*'나 밑줄 '_'만 보아도 더 읽지 않는다. 흔치 않은 현상이나 사람에게는 주의를 기울이거나 존중할 가치도 없다고 생각하는 것일까. 자신이 공감해봐야 소용없다거나, 아예 공감해서는 안 된다고 생각하는지도 모른다. 그러나 사람들은 셰익스피어의 세계나 헨델의 오페라, 또는 만화에 등장하는 현실에 존재하지 않을 것 같은 인물에 대해서는 기꺼이 공감하고 그들의 이야기를 이해하고 싶어 하지 않는가.

흔치 않다는 말이 기이하다거나 기괴하다는 뜻은 아니다. 흔치 않다는 것은 그냥 드물다는 뜻이다. 어쩌면 그들은 그저 흔치 않은 이야기를 갖고 있는 사람들일 수도 있다. 때로는 특이하고 흔치 않은 특징이나 경험을 갖고 있어서, 인정받기를 갈망하고 투쟁해나가는 과정에서 쉽게 상처를 입을 수밖에 없다는 것이 그들의 **인간조건** 자체로 보이는 사람들이기도 하다. 그러나 트랜스인들의 바로 그 상처입기 쉬운 특징, 그리고 그들이 가시적인 존재가 되기 원하고 인정을 추구한다는 점은 **인간의** 보편적 특징인 상호의존성을 보여준다. 그런 점에서 트랜스인들의 상황은 모든 사람의 상황과 관련이 있고 일맥상통한다. 그들처럼 느끼고 살아가는 사람들에게만 국한된 것이 아니다. 트랜스인의 권리는 다른 모든 인권과 똑같이 중요하며, 그 토대를 다지고 수호하는 것은 보편적인 사상이 당연히 해야 할 일이다.

*

아마 많은 사람이 정도는 약하더라도 다양한 이유에서, 자신의 속성이나 특징이라고 해서 그 모두에 대해 자연스러운 일체감을 느낄 수 있는 것은 아님을 알고 있을 것이다. 내면에서 느껴지는 것은 겉으로 보이는 모습이나 남들이 기대하고 허용하는 모습과 완전히 같지 않다는 것을, 외부의 기대와 판단이 자신의 가능성을 제한한다는 것을 말이다. 그런데 유독 트랜스인들의 경우에는 이렇게 내적인 확신과 외적인 인상 또는 삶에서의 역할이 서로 어긋나는 것이 성정체성의 문제가 된다. 여자의 몸으로 살면서 자신을 남자로 여기는 사람도 있고, 남자의 몸으로 살면서 자신을 여자로 여기는 사람도 있다.[21] 어떤 사람은 자신에게 할당된 성별과 다른 삶을 살고자 하는 (혹은 살 수밖에 없는) 어떤 갈망, 어떤 급박함, 어떤 확신을 느낀다. 또 어떤 사람들은 자기가 태어날 때부터 지니고 살아온 이름이 실제로 자신이 어떤 사람인지와도, 어떤 사람으로 살고 싶은지와도 맞지 않다는 걸 잘 알고 있다.

이것이 어떤 느낌인지 이해하려면 일반적으로 자기에게 해당하지 않는 말을 듣거나 누군가 자기 이름을 잘못 발음했을 때 느끼게 되는 짜증이 극단적으로 심화된 것이라고 상상해보면 될 것 같다. 그럴 때 사람들은 흠칫한다. 엉뚱한 말을 듣거나 이름을 잘못 부르는 것만으로도 몸에서 바로 느껴지는 짜증이 일어난다. 부주의로 인한 실수든 의도적인 것이든 마찬가지다.[22] 내면의 뭔가가 아우성을 치고 잘못된 것을 무조건 바로잡고 싶어진다. 애칭이나 별명도 본인 마음에 들지 않거나 어울리지 않는 경우에는 그렇다. 좋은 뜻에서 다정함을 표시하려는 의도일 경우에는 웃으면서 그러지 말라고 말한다. 길에서나 소셜미디어에서 모욕이나 언어 공격을 당하거나 욕설을 들을 때는 괴로움이 더욱 크다. 상처 입히는 말들에서는 이름과 현실, 지식과 권력 사이의 특별한 관계를 읽어낼 수 있다.[23] 이름은 언제나 사회적 실존을 확정한다. 다른 사람들이 나에게 말하는 방식이 세계 속의 나의 위치까지 결정하는 것이다. 사람들이 항상 나에게 듣기 불편하고 모욕적인 단어들만 사용해서 말한다면 동시에 나의 사회적 위치도 강등된다.[24]

그러므로 트랜스인들에게는 태어나면서 지정된 성별역할이 드러나는, 그래서 본인에게 맞지 않는 이름은 늘 사회적 왜곡일 수밖에 없다. 자기 삶을 부인하고 반박하는 이름을 계속 들어야 하는 것이다. 그들은 일상에서 항상 공식문서에 등록된 남성적이거나 여성적인 이름을 통해 자기가 원치 않는 성별로 지정된다. 관리들에게 끌어내어져 심문이나 몸수색까지 받아야하는 국경검사의 경험은 더욱 불쾌하고 굴욕적이다. 많은 트랜스인들이 신분변경(이름을 바꾸는 것이든 출생신고 당시 기록한 성별을 정정하는 것이든)을 그렇게 중요하게 생각하는 것은 바로 그런 이유에서다.

*

최근에는 특히 의학적 개입을 통해 성별동화Geschlechtsangleichung*를 이룬 케이틀린 제너Caitlyn Jenner**가 **후천적 여성** 또는 트랜스여성의 이미지를 널리 각인시켰다. 이는 특히 2015년

---

* 성전환은 단순히 성별을 바꾼다는 의미뿐이지만, 성별동화라는 말에는 본인이 진짜 자신의 성별로 느끼는 것에 맞춘다는 의미가 담겨 있다.
** 미국의 전직 육상선수로 1976년 몬트리올 올림픽 10종 경기 금메달리스트이며, 바꾸기 전 이름은 브루스 제너(Bruce Jenner)다.

잡지 《배니티 페어Vanity Fair》 표지에 실린, 애니 레이보비츠 Annie Leibovitz가 촬영한 최대한 '완벽한' 여성성을 연출한 모습을 통해서였다. 케이틀린 제너의 사진들은 트랜스인이 소속 성별을 남자에서 여자로 또는 여자에서 남자로 바꿀 때 미적으로 최대한 완벽한 모습으로 변신하는 것을 중요하게 생각한다는 통념에 부합한다. 이렇게 해석하면 트랜스인이 사회에서 지배적인 역할모델을 전복하는 것이 아니라 오히려 남성성과 여성성에 관한 기존 규준들을 더욱 견고하게 만드는 결과를 낳는다. 경제적 능력, 특별한 명성 그리고 그에 따른 미디어의 관심은 완전히 접어두고라도, 제너의 경우는 전혀 트랜스인을 대표하지 못한다. 그녀의 용기에 합당한 존경을 접어야 한다는 말은 아니다. 그러나 많은 트랜스인들에게 제너만큼 공적인 가시성과 인정을 받는다는 것은 계급과 피부색, 사회적 주변화 때문에 비교할 수 없이 어려운 일이다. 제너가 후천적 여성 혹은 트랜스인의 유난히 화려한 예를 가시적으로 드러내기는 했지만, 대부분의 트랜스인들이 겪는 삶의 현실은 결코 그렇게 화려하지 않다. 2013년 미국에서 트랜스인들의 실업률은 14퍼센트(미국인 전체 평균의 2배)이고, 연 수입이 1만 달러 이하인 이들은 15퍼센트(전체 인구 중 비율은 4퍼센트)였다.[25]

무엇보다 트랜스인으로 살아가는 형식이 한 가지뿐인 것은 아니다. 트랜스인의 유형도 대단히 다양하며, 그들이 자신을 보여주고 표현하는 경험과 수행적 방식들도 아주 다양하다. 많은 트랜스인들이 전형적인 남성형 또는 여성형으로 여겨지는 각각의 쉬볼레트들을 꼽고, 이를 유희와 전복의 대상으로 삼는다. 남성적 또는 여성적인 규준들은 재활용되거나 조롱당하며 말이나 노래로, **드랙**Drag*이나 **보깅**Vogueing**으로, 춤이나 의상으로, 패킹Packing이나 바인딩Binding[26], 화장이나 수염, 가발이나 면도로, 또는 이 모든 것 없이도 때로는 확정되고 때로는 무시된다. 어떤 이들은 쉬볼레트의 '쉬'를 제대로 발음하거나 흉내 내기 위해 모든 수단을 동원해 노력하고, 또 어떤 이들은 재차 **다시 반복하는**Re-iteration 과정을 통해 그 암호 전체를 변화시킴으로써 배제와 경계 긋기의 역학까지 바꿔놓는다.

공식적인 성별을 내적인 확신과 실제 성역할에 맞추고 싶다는 개인적 소망도 아주 다양한 모습으로 표출될 수 있다. 어떤 사람은 성별이라는 범주가 자신에게 맞지 않다고 느끼

• 다른 성별처럼 보이게 옷을 입는 것.
•• 패션모델의 동작과 자세를 흉내 낸 춤 스타일.

거나 근본적으로 미심쩍다고 생각해 그 범주 자체를 거부한다. 또 어떤 사람은 수술을 받지 않고도 자신이 실제로 살아가고 있는 성역할을 법적, 사회적으로 인정받기를 원한다. 많은 사람들이 1차 성징과 2차 성징 모두 자신이 느끼는 자신의 성에 일치하기를 원한다. 자신의 성정체성을 전환 혹은 동화시키려는 사람들에게는 호르몬 요법이든 외과적 수술이든 다양한 **이행**의 방식이 있고, 그 방법 역시 다양하다. **트랜스**란 '남에서 여로' 또는 '여에서 남으로'의 전환을 의미할 수도 있지만, '남과 여 사이' 혹은 '남도 여도 아닌'이라는 뜻일 수도 있다. 그리고 그것은 '남'과 '여'라는 이분법적 범주가 부적합하거나 한마디로 너무 미흡하다는 의미일 수 있다. 어떤 사람들은 이 범주에 따라 '명백한' 한 가지 성역할이나 '명백한' 한 가지 육체로 내몰리기보다 그 모두를 벗어난 다른 어딘가에 존재하고 싶어 한다.[27]

트랜스인들 사이에서조차 다양한 **성별이행**의 형식들이 규범적으로 혹은 정치적으로 어떤 의미인지를 두고 꽤 많은 논쟁이 벌어진다. 자신이 택한 방법과 결정을 통해 그들은 어떤 육체성 또는 '본연성'의 개념을 승인하거나 의문시하는 것일까? 이를테면 성별동화 수술은 '본연의' 신체를 '훼손'하는 행위의 일종인가? 아니면 신체에 약간 수정을 가해 더 적합한 형태로 만드는 것인가? 아니면 신체는 이미 오래전부터 늘 생화학적, 의학적, 기술적 개입의 산물이었으니, 본원적이고 손대지 않은 그대로의 신체라는 관념 자체가 불합리한 것인가? 그것은 자신을 디자인하고 보살피고 변화시킬 수 있다는 일종의 주관적 자유일까? 아니면 자신에 대한 보살핌이 해방적으로 발현된 형태? 호르몬 요법은 사람들의 욕망과 육체를 규제하고 규율을 잡으려는 국가와 그로부터 이익을 취하려는 제약업계의 정치적으로 미심쩍은 결탁일까?

표준적 성별이라는 속성규정 때문에 고통받거나 그것을 의문시하는 사람들도 결국 얼마간은 그 표준을 인정하는 셈은 아닐까? 트랜스남성 폴 B. 프레시아도Paul B. Preciado는 친구들 무리 안에서 솔직하게 제기되는 정치적 질문들에 대해 이렇게 썼다. "나는 친구들이 테스토스테론 때문에 나를 비난하게 될 것임을 안다. (중략) 그들은 내가 여자였을 때가 좋았다고 생각하는데 내가 다른 남자들과 같은 남자가 될지도 모르기 때문이다." 많은 트랜스인들이 원하는 것이 바로 그거다. "다른 남자들과 같은" 남자가 되는 것 또는 "다른 여자들과 같은" 여자가 되는 것. 그런가 하면 또 어떤 이들에게는 남성적 혹은 여성적인 것으로 통용되는 그러한 모델과 규준에서 벗어나는 것이 중요한 일이다. 호르몬 요법이 실제로 **효**

과가 있는가 하는 질문도 무시할 수 없다. 호르몬을 복용하기 시작한 사람은 자동적으로 지배적인 역할모델에 동화되는 것일까? 호르몬 복용은 어떤 결과를 낳을까? 실제로 호르몬 요법은 당사자만 변화시킬까? 아니면 다른 사람들이 그 사람에 대해 생각하는 방식에도 영향을 미칠까? 거기에는 의학적인 대답이 있다. 에스트로겐 생성을 기반으로 한 신진대사에 익숙해져 있는 몸에서 혈액 내 테스토스테론 수치가 상승하는 것은 일종의 '재프로그래밍'이다. "아주 미미한 호르몬의 변화도 신체기능 전체에 영향을 미친다. 식욕과 성욕, 혈액순환과 미네랄 흡수 조절, 생물학적 수면리듬, 체력, 근육긴장, 신진대사, 후각과 미각 그리고 전체적인 생리화학까지."[28] 하지만 그렇다고 무조건 '남성적'인 결과가 나올까? 아니면 '남성적'이라는 건, 염색체와 생식기의 특징뿐 아니라, 몸짓과 행동과 습관까지 아우르는 특정한 조합을 '남성적'이라고 이해하기로 한 합의는 아닐까?

*

성별이행을 결심한 사람들에게 이 길은 짐작하기 어려운 내적·외적 문턱을 감추고 있다.[29] 자기 몸에서 어떤 기분을 느끼게 될 것인지, 자신의 목소리가 어떻게 들리게 될 것인지, 땀에서는 어떤 냄새가 날 것이며, 외모는 어떻게 달라지고 욕망에는 어떤 변화가 일어날 것인지 전혀 알 수 없는 불확실함이 내적 문턱 중 하나다. "어떤 효과가 언제 어떻게 나타날지 정확히 모르는 채로, 나는 그 효과가 나타나기를 기다렸다." 프레시아도는 처음으로 테스토스테론을 복용하기로 결심한 일에 대해 이렇게 썼다.[30] **이행**을 결심한다는 것은 언제나 어떤 역동적이고 불확실한 일을, 그것도 자기 자신에게 초래한다는 뜻이기도 하다. **이행**이 아무리 불법적인 일과 관련이 없고, 의사의 관찰과 국가의 행정적 통제 아래 이루어지는 일이라고 해도 그 길은 금기의 길이며 상처 입기 쉬운 길이다. 또 프레시아도는 이렇게 썼다. "첫 번째 테스토스테론 복용을 결심했을 때 나는 아무에게도 말하지 않았다. 그게 무슨 중독성 마약이라도 되는 것처럼. 나는 집에 혼자 남게 될 때까지 기다렸다가 그걸 시험해보았다. 밤이 될 때까지 기다렸다. 물 한 잔에 작은 약 한 첩을 붓고 얼른 상자를 닫았다. 처음인 그날은 일 회 용량만 정확히 복용한다는 것을 확실히 해두기 위해서였다. 이제 겨우 시작일 뿐인데 나는 마치 금지된 약물에 이미 의존하게 된 사람처럼 굴고 있었다. 나는 숨어서 나를 관찰하고 감시하며 자제력을 단련했다."[31]

사회적으로 잘 받아들여지지 않는다는 것에 대한 불안도 또 다른 내적 문턱이다. 끊임없이 반복되는 다른 사람들의 질문, 지인과 동료에게 자신의 변화를 이해시키기 위해 어쩔 수 없이 끊임없이 설명을 반복해야 한다는 걱정도 있다. 한편으로는 주변 사람들이 그 과정을 이해하고 싶어 한다는 것이나, 전혀 악의 없는 질문들도 있다는 것은 분명하다. 늘 특정한 이름으로 부르며 친밀하게 지내왔던 사람을 이제는 다르게 불러야 한다는 것은 말할 것도 없이 큰 변화다. 새로운 이름이 예전 이름만큼 당연하고 친숙하게 느껴지려면 아마 꽤 시간이 필요할 것이다. 부주의나 습관 때문에 실수하는 경우도 많을 것이다. 그런 것은 충분히 이해할 수 있다. 또 질문을 해서 그 과정을 더 잘 이해할 수 있다면 그 역시 확실히 도움이 될 것이다. 그러나 다른 한편으로 항상 자신의 **이행**에 대해 이야기해야 한다는 것은 트랜스인 자신에게는 무척 힘든 일이 될 수도 있다. 때로는 그들도 그 모든 걸 뛰어넘어, 드럼을 연주하거나 아이를 키우거나 변호사로 일하는 그저 한 개인으로 인식되고 싶을 것이다. 또 수술적 개입이 가져올 아픔에 대한 두려움도 분명 내적 문턱 중 하나일 것이다. **이행**이란 한 번의 개별적 행동이나 한 번의 외과적 '정정'이 아니라, 대개 고통스럽고 복잡한 수술의 긴 연속으로 이루어진다.

*

한 사람의 이행 앞에 버티고 있는 외적인 문턱으로는 우선 성별동화 이전에 거쳐야 할 행정적, 재정적, 정신의학적, 법적 장애물들을 꼽을 수 있다. 1981년부터 독일에서는 성전환법Transsexuellengesetz, TSG에 따라 트랜스인들이 스스로 소속감을 느끼는 성별로 공식적으로 인정받을 수 있는 합법적 가능성들을 관리하고 있다.[32] 성전환법, 즉 '이름 변경과 성별 확정에 관한 특례법'은 자신이 느끼는 성별에 적합하게 이름을 바꾸고 싶은 소망('소해결') 또는 출생등록부에 기록된 성별을 정정하고 싶은, 즉 신분법적 소속을 변경하고 싶은 소망('대해결')을 이루기 위한 전제조건들을 규정하고 있다. 성전환법은 수차례의 개정을 거쳐 더 이상 성별동화 수술을 해야만 출생등록부에 기입된 성별을 정정할 수 있다고 규정하지는 않는다. 중요한 것은 신분변경 신청자가 "자신의 성전환적 특징 때문에 출생 당시 신고한 성별에 **소속된다고 느끼지 못하는지**" 여부다(강조는 저자).[33] 따라서 그 어떤 신체의 본연성이나 명확성이 중요한 것도, 신체가 실제로 살아가고 있는 성역할의 모든 특징과 일치해야 하는 것도 아니다. 결정적인 것은 당사자가 지정된 성별과 스스로를 **동일시할** 수 있는가 없는가 하는 문제다. 연방헌법재판소는 그동안 일련의 결정들을 통해 신체적 특징은 반드시 제외한 채 신체적 혹은 정서적 정체감만을 고려해 평가해야 한다는 신념을 관철했다. 헌법재판소 제1재판부는 2011년 1월 11일의 판결문에서 이렇게 밝혔다. "성전환법이 시행된 이후 성전환증Transsexua-lität에 대한 여러 가지 새로운 인식이 생겼다. (중략) 성전환자들Transsexuelle은 자신이 출생 당시 외적인 신체적 성징에 따라 지정된 성별에 속하지 않는다는, 지속적이고 뒤집을 수 없는 인식을 안고 살아간다. 그들이 자신의 성별을 무엇이라고 느끼든 비성전환자들과 마찬가지로 성적 지향은 이성애에 맞춰졌을 수도 있고 동성애에 맞춰졌을 수도 있다."[34]

그러나 지금까지도 트랜스인들에게는 기본법이 보장하는 인격의 자유로운 발현이 완전히 자유롭게 허용되지는 않았다. 자기결정권은 유난히 더 제약이 심했다. 무한히 다양한 측면에서 사람은 자기 신체에 대해 스스로 결정할 수 있다. 합성마약을 사용할 수도, 성형수술의 도움으로 자신에 대한 미적 환상에 다가갈 수도 있고, 혁신적 의학기술과 의족이나 의치 같은 인공보장의 도움으로 자기 신체를 더 완전하게 하거나 신체 일부를 대체하는 것도 허용된다. 시험관 수정으로 임신을 할 수도 있으며, 심각한 상해나 부상도 재건수술로 치료

할 수 있다. 이 모든 것이 오래전에 의학과 미용의 일상이 되었다. 그러나 트랜스인들이 자유롭게 인격을 발현하는 일은 여전히 행정적 간섭과 생물정치학적 규제와 규율에 짓눌려 있다. 사회학자 슈테판 히르샤우어Stefan Hirschauer는 "성전환이" 테라피스트, 감정가, 의사 등 다양한 연관 분야 종사자들에 맞서서 "이뤄내야 하는 전문적 성취"라고까지 표현했다.

당국 차원에서는 '성전환증'의 실상을 조사할 필요가 있다. 지방법원은 자격이 검증된 정신의학자들로부터 트랜스인 당사자가 느끼는 성별 소속감이 더 이상 변하지 않을 것임을 입증하는 독립적인 두 건의 감정평가를 받아야 한다. 이런 감정평가를 받지 못하면 지방법원에서도 신분변경을 실행할 수 없다. 정신의학적 감정은 무조건 (입법자들이 규정한 대로) 당사자가 스스로 다른 성별에 속해 있다고 느끼는지 여부로 '성전환증'을 진단하기만 하는 것이 아니라, 성전환증을 질병이자 '장애'로 평가한다.[35] 여기서 결정적인 것은 세계보건기구WHO의 국제질병사인분류 제10차 개정판ICD-10에 따른 '성전환증'의 분류다. ICD의 5장 F00~F99항은 정신적, 행동적 장애의 항목들인데, 그중 F60부터 F69까지는 '성격장애와 행동장애'를 담고 있고 성전환증은 여기에 속해 있다. 왜? 무엇 때문에 트랜스인이 행동장애자로 분류되어야 한다는 말인가? 연방헌법재판소는 성전환증을 그렇게 질병으로 취급하도록 규정하지 않았다. 당사자가 다른 성별에 속해 있다고 느끼는지, 그리고 그 감정이 변하지 않을 것인지만 증명하도록 요구한다. 그렇다고 해서 그 사람을 '병든' 상태라고, 그 감정을 '부자연스러운' 것이라고 규정할 필요는 없다. 신분변경을 원하는 사람은 지방법원에 두 건의 정신감정서를 제출해야 할 뿐 아니라, 그 과정에 필요한 면담에서 자신의 고통을 최대한 신빙성 있게 이야기해야 하는데, 많은 트랜스인들이 그 일의 고통스러움을 호소한다. 그러나 그것을 그리 곤란하다고 여기지 않는 트랜스인들도 있다. 그들은 이미 자기 삶을 경악스러운 고통으로 경험해 왔기 때문이다. 많은 이들이 그 고통을 '거짓된 몸' 속에서 살아가는 삶이라고 묘사한다. 그런가 하면 또 다른 사람들은 그런 몸을 용인하지 않는 사회적 인식과 해석으로 인한 고통이라고 말한다. 트랜스인들 중에서도 근본적으로 질병이라는 분류를 부인하지 않는 이들도 있다. 실제로 (새로) 태어나기 전 다른 몸속에서 다른 이름을 갖고 살아가는 삶이 엄청나게 고통스럽다고 느끼기 때문이다. 물론 다른 많은 트랜스인들은 그런 식으로 병리화하는 것을 용납하지 않으려 한다. 충분히 짐작할 수 있듯이 그들은 '장애로 인한' 질병으로 낙인찍히는 것에 저항한다. 그러면서도 정신감정 과정에서는 필요한 감정평가를 받아내기 위해 사실상 스스로 그런 낙인찍기에 협조할 수밖에 없다.

작가이자 비평가인 대니얼 멘델슨Daniel Mendelsohn은 에세이집 『미묘한 포옹The Elusive Embrace』에서, 고대 고전어를 연구하며 받은 특별한 인상에 관해 이야기했다. 고대 그리스어에는 'men'과 'de'라는 두 단어로 연결하는 전형적인 문장구성법이 있는데, 이는 '한편'과 '다른 한편'으로 번역할 수 있다. '**한편에서** 그리스인들이 전진하며 몰아가고, **다른 한편에서** 트로이인들이 저항했다.' 이처럼 대립을 표현하는 문장들을 연결할 수 있는 것이다. 멘델슨은 이 '한편 – 다른 한편'의 구조가 점진적으로 자신의 사고에 어떤 영향을 미쳤는지 묘사한다. "충분히 오랫동안 고대 그리스의 문학을 연구하다 보면, 이 리듬이 다른 문제에서도 자기 사고의 구조를 만들어내기 시작한다. **한편에** 당신이 태어난 세계, **다른 한편에** 당신이 선택해 거주하는 세계."[36]

남성다움 또는 여성다움이라는 관념은 대부분 이러한 대립의 구조, 이것 아니면 저것인 구조 안에서 움직인다. 남성답거나 여성다운 것을 특정한 역사적 맥락이나 특정한 문화에서는 어떻게 이해하든 상관없이, 이른바 '본연성'과 '본원성'이라는 범주의 윤곽과 경계가 흐려지지 않는 것만이, 본질적인 차이들이 계속 인지되고 그로써 사회질서를 확고히 하는 것만이 중요한 것이다. 성별이 타고난 본연의 것이라는 주장은 언제나 그것이 변할 수 없이 **명확한** 것이라는 주장과 결합된다.[37]

이런 명확함이 없는 경우에는 출생과 함께 할당된 성별에 (신체나 실제로 살고 있는 성역할을 통해) 모순된 모습을 보이거나 아예 성을 두 가지로 나누는 범주 자체를 반박하게 되며, 어쨌든 정신의학적 장애를 갖고 있는 것으로 간주된다. 이때 '본원적' 혹은 '본연적'이라는 것은 더 이상 한 사람의 신체가 아니라 오히려 'men'과 'de'의 사유구조에 대한 말이 된다. 이런 질서에 순응하지 않는 사람들은 감정평가를 통해 '병든' 사람으로 선언된다.[38]

트랜스인을 병자로 간주하는 일을 문제 삼을 때 중요한 점은 그들이 바라는 사회적 인정과 신분변경에 따라 법적 규범적으로 어떤 결과가 생기느냐만이 아니다. 그보다는 그런 낙인찍기가 트랜스인들에게서 그들에게 필요할 뿐 아니라 다른 모든 사람과 마찬가지로 그들도 가질 자격이 있는 정치적, 사회적 보호를 거두어 간다는 점이 더 중요하다. 이렇듯 표준에서 벗어나는 사람으로뿐 아니라 '장애가' 있다고 간주되는 사람으로 고착됨으로써 그들은 구분되고 혼자 외롭게 남겨진다. 이렇게 사회적으로 경시되면 불행히도 멸시와 폭력을 더욱 자극하게 되어 트랜스인들은 일상적으로 멸시와 폭력에 노출된다.[39] 소위 '질병'이라는 주장은 트랜스혐오적인 개인이나 집단 들이 조롱과 증오, 난폭한 공격이나 성폭력을 손쉽게 '정당화'하는 구실이 된다.

2016년 6월 올랜도에서 있었던 끔찍한 총격사건이 다시 한 번 고통스럽게 증명했듯이 무엇으로부터도 보호받지 못하는 상황은 레즈비언과 게이, 양성애자, 트랜스젠더, 간성間性, 퀴어를 모두 하나로 묶어준다.[40] 나머지 경우에는 얼마나 서로 구분되기를 원하든, 개인으로서 얼마나 자신의 독특함을 원하든, 쉽게 다칠 수 있다는 그 감정은 우리 모두에게 공통된 것이다. 언제라도 공개적으로 모욕이나 공격을 당하는 것을 각오하고 있어야 하고, 우리가, 표준을 결정한다는 다수와는 **뭔가** 다르게 사랑하거나 다르게 갈망하거나 다르게 보이는 우리가 정확히 무엇을 위험에 노출시키고 있는지도 알 수 없으며, 손을 잡고 거리를 걷거나 입을 맞출 때면 불시에 공격당할 수 있다는 것도 항상 예상하고 있어야 한다. 증오하는 자들에게 여전히 우리는 배제와 폭력의 대상임을 늘 의식하고 있어야 하는 것이다. "게이들이 모이는 장소에는 늘 이런 폭력의 역사가 음험하게 따라다닌다." 디디에 에리봉이 장엄한 회고록 『랭스로의 귀환Retour à Reims』에서 한 말이다. "모든 거리, 모든 공원 벤치, 모든 모퉁이의 사각지대는 그러한 공격의 과거와 현재와 미래를 품고 있다."[41]

'트랜스 살인 감시 프로젝트Trans Murder Monitoring Project'는 2016년 5월 17일 '국제 동성애혐오, 트랜스혐오, 양성애혐오에 맞서는 날Internationalen Tag gegen Homophobie, Transphobie und Biphobie'을 맞이해 다음과 같은 수치들을 발표했다. 2016년에만 그때까지 이미 트랜스인들과 다양성 젠더에 속하는 사람들 100여 명이 살해당했다. 2008년 1월에 감시를 시작한 이후 2016년 4월 30일까지 65개국에서 동성애혐오, 트랜스혐오, 양성애혐오에 의한 폭력으로 숨진 사람이 2,115명에 달한다. 기록된 살인 중 1,654건이 중미와 남미에서 일어났다. 유럽안보협력기구는 '증오범죄통계'에서 2014년에 경찰에 등록된 'LGBT* 증오범죄'가 129건이라고 인용했다. 이는 경찰에 등록된 반유대주의적 동기(413건)나 인종주의적 동기(2,039건)에 의한 **증오범죄** 건수에 비하면 확연히 적다. 그러나 이 통계에는 경찰에 신고된 내용뿐 아니라 시민사회 활동

---

* 성소수자들을 이르는 말. 레즈비언(lesbian), 게이(gay), 양성애자(bisexual), 트랜스젠더(transgender).

가들이 수집하고 기록한 사건들도 포함됐다. 이에 따르면 같은 해에 인종주의적 동기에서 일어난 폭력적 공격은 47건인데 비해 LGBT에 대한 폭력적 공격은 118건이었다.[42]

트랜스인과 간성의 경우 증오와 학대의 경험은 특히 더 고약하다. 그들은 게이와 레즈비언에 비해서도 훨씬 더 심한 차별과 잔인한 폭력에 노출된다. 그들에게 개방되고 그들을 보호할 수 있는 공적인 공간이 훨씬 적기 때문이라는 것도 상당히 중요한 이유다.[43] 수영장이나 체육관 탈의실, 공중화장실에서 그들은 항상 내쫓기거나 상해를 입을 위험에 처한다. 특히 트랜스인들과 간성인들이 당하는 공격은 종종 트랜스 혐오자인 개인이나 집단이 **불명확성** 또는 모호함을 견디지 못한다는 사실 때문에 야기된다.[44] 그러나 뭔가를 '불명확'하다거나 '모호'하다고 인식한다는 것은 범주로 보기에는 대단히 허술하다. 트랜스혐오자들은 종종 트랜스인들이 보여주는 성별의 애매함 때문에 자신의 남성성 또는 여성성이 위협받거나 무가치해진다고 주장함으로써 트랜스인들에 대한 혐오를 위장한다. 트랜스인들은 결코 다른 이들에게 성정체성을 바꾸라고 요구하지 않으며, 자유로운 인격의 발현에 대한 자신의 권리를 제한하는 조건들을 문제 삼는 것뿐이므로 이는 터무니없는 주장이다.

*

　최근 미국에서는 트랜스인들의 화장실 출입이 논쟁적 주제로 떠올랐다. 전국 학교에 트랜스인들에게 출생 시 등록된 성별이 아니라 자신이 느끼는 성별에 맞는 화장실을 선택할 자유를 보장하라고 명령한 오바마 행정부를 11개 주 정부가 고소했기 때문이다. 이 명령에 반대하는 주들은 고소장에서 정부가 "직장과 교육기관을 대대적인 사회적 실험장으로 만들려" 한다며 항의했다.[45] 소수자들의 권리와 공간을 차별과 폭력으로부터 보호하는 일이 '대대적인 사회적 실험'이라는 주장을 납득한다면, 그 비난이 옳을 수도 있겠다.

　'본원의' 성별이 자기가 실제로 경험하는 성별과 일치하지 않는 사람들에게 편안한 공간을 제공한다는 것이 뭐가 그리 화를 내며 흥분하고 선동할 일인지 놀라울 따름이다. 그 과정에서 바뀐 화장실 표시 도안이나 트랜스인들에게 화장실을 개방하는 일을 지지한 사람들에게는, 자신의 해방을 화장실처럼 무의미한 것에서 얻으려는 것은 우스꽝스러운 집착이라는 비난이 가해졌다. 화장실의 의미를 그렇게 과소평가한 것도 놀랍지만 일단 그것은 접어두고라도, 그 주장대로 그것이 정말 그렇게 우스울 정도로 무의미한 주제라면, 왜 그 일을 태연하고 관대하게 받아들이지 못하는 걸까?

거기에 무엇이 그렇게 복잡할 것이 있단 말인가? 개방적이고 공정한 사회의 특징은 언제라도 배울 줄 아는 열린 자세다. 그런 자세는 환경이나 경제 문제를 전문가들에게 맡겨 해결책을 만들어내는 것만을 의미하는 것이 아니라, 어떤 기준에 따라 사회적 참여나 정치적 발언권을 허용하고 있는지 자기비판적으로 자문해보는 것도 의미한다. 늘 배워나가는 사회는 실제로 모든 사람이 똑같은 기회를 얻고 똑같이 보호받고 있는지, 금기나 이데올로기적 쉬볼레트들로 된 보이거나 보이지 않는 장벽이 존재하지는 않는지 점검해보는 데서 그 특징을 드러낸다. 그러기 위해서는 법률과 그 적용뿐 아니라, 건축학적 또는 미디어적 입장들도 고찰해야 한다. 그것은 자기비판적이고 반어적인 호기심이 있어야 가능한 일이다.

청각장애자들을 위해서는 뉴스도 수화로 보여주고 다른 프로그램들에도 자막이 나온다. 역이나 공공건물에는 거동이 불편하거나 휠체어를 탄 사람들을 위한 출입구도 마련되어 있고, 대부분의 레스토랑에서는 매우 희귀한 식품 불내증不耐症까지 모두 고려해 다양한 도움 방법들을 마련해놓고 있다. 그런데도 트랜스인이 자기에게 맞는 화장실에 가는 일은 절대로 허용할 수 없다는 말인가? 한 사회가 문화적 욕구

및 건강이나 종교와 관련된 다양한 욕구들에 어떻게 반응하는지를 보면 그 사회가 스스로 어떤 사회로 인식하고 있는지를 알 수 있다. 특별한 심사숙고나 에너지가 필요한 것도 아니다. 물리적, 건축적 변경이 필요하다면 재정적 투자만 하면 된다. 트랜스인들에게 안전한 공간을 확보해주는 것 역시 당연한 일이다. 수영장이나 학교에서뿐 아니라, 교도소와 난민숙소, 수용시설에서도 말이다. 2016년 3월, 국제인권감시기구Human Rights Watch는 「내가 여기서 얼마나 고통받고 있는지 당신은 아시나요Do you see how much I'm suffering here」라는 제목으로 미국의 남성 교도소와 수용시설에 수감된 난민 트랜스여성들의 학대사례 보고서를 발표했다.[46] 보고서에는 난민 트랜스여성들이 출생 시 지정된 '본래' 성별을 근거로 여성 수용시설이 아니라 남성 수용시설에 가게 된 상황이 기록되어 있다. 그곳에서 그들은 남성 직원들에 의해 몸수색을 받아야할 뿐 아니라, 정기적으로 난폭한 폭행의 희생자가 된다. 간수들은 이런 환경에서 잔인한 학대를 받고 고통스러워하는 트랜스여성 난민들을 종종 독방에 넣어 '자신의 보호 아래' 둔다. 대개는 죄수들에게 벌로써 가해지는 끔찍한 독방수용이 이 논리에서는 트랜스인들을 보호하기 위한 신중한 조치로 둔갑해 미화된다.

*

그 모든 국가적 사회적 규제와 규율은, 단지 신체 또는 성별은 무조건 '본연성'과 '본원성'이라는 범주에 따라 규정해야 한다는 생각에서 나오는 것일까? 개인적, 집단적으로 가해지는 그 모든 고통과 배제, 그 모든 병리화를, 이른바 본원적 질서라는 것은 침해할 수 없다는 오직 그 이유만으로 사회적으로 용인해야 한다는 말인가? 트랜스인들을 타자로 낙인찍는 일에 사용될 때, 오직 그때만 불가침의 것이 되는 이른바 그 고정된 본성이라는 것에 도대체 어떤 권위가 있다는 말인가?

기본법 제2조는 **인격을 자유로이 발현할 권리**와, 생명과 **신체를 훼손당하지 않을** 권리를 보장하며, 개인의 **자유**를 보호한다. '절반 정도만 자유로운 인격의 발현'을 보장하는 것이 아니며, '출생 시 지정된 성별을 유지하는 사람들에게만 인격의 자유로운 발현을' 보장하는 것도 아니고, '본연의 남성성과 여성성이라는 전통적 관념에 부합하는 사람들에게만 자유'를 보장하는 것도 아니다. 거기에는 "인격을 자유로이 발현할 권리"라고 적혀 있다. 사람은 변하거나 방향을 바꾸어서는 안 된다고는 어디에도 쓰여 있지 않다. 오히려 그 반대다. 기본법은 타인의 자유를 해치지 않는 범위 내에서 개인의 행동의 자유를 보호한다. 기본법은 다수만이 아니라 모든 이에게 적용된다. 또한 기본법은 어떤 측면으로든 다수에서 벗어나는 사람들까지 포함해 모든 이에 대해 책임을 진다.

트랜스인들은 다른 사람들과 마찬가지로 왜 인정받기를 원하는지 그 이유를 댈 의무가 없다. 다른 사람들과 마찬가지로 똑같은 주관적 권리들과 입법기관의 보호와 공적인 출입권을 보장받을 권리가 있다는 것을 트랜스인들 자신이 설명해야 할 이유도 없다. 트랜스인들은 자신이 원하는 삶의 방식을 정당화해야 할 의무도 없다. 자신에게 인격을 자유로이 발현할 권리가 있는 근거를 대는 것은 트랜스인들이 해야 할 일이 아니며, 그들에게 그 권리를 부인하고자 하는 이들이야말로 그 근거를 대야 한다. 그렇다면 이제는 미리 감정을 받지 않아도 트랜스인들에게 자기결정권을 보장하도록 '성전환법'을 혁신할 때가 되었다. 이미 아르헨티나와 포르투갈에서 시행하고 있는 것과 같은 단순 신청제가 합리적일 것이다. 그 나라들에서는 호적사무소에 성별변경 희망을 통고하기만 하면 서류 하나만으로 신분을 변경할 수 있다고 한다.[47]

"고대 그리스어의 이 특이한 구문에서 또 하나 흥미로운 것은 'men'과 'de'로 된 조합이 언제나 대립적인 것만 표현하는 것은 아니라는 점이다"라고 대니얼 멘델슨은 말한다. "이들은 때로, 아니 자주 두 가지 개념이나 속성 또는 이름을 서로 연결함으로써 분리하기보다는 결합하고 나누기보다는 증가시킨다."[48]

이렇게 명쾌하고 의연한 통찰이 자리 잡을 수 있다면 얼마나 좋을까? 대립 구도를 만드는 것처럼 보이던 구조가 다양한 관계와 연결을 낳는 핵심이 된다는 통찰. 한 사회가 트랜스인들에게 자유롭게 자신을 발현할 권리를 부여한다고 해서 뭔가를 잃게 되는 사람도, 뭔가를 빼앗기는 사람도, 억지로 변해야 하는 사람도 없다. 어떤 사람도 어떤 가족도 남성성이나 여성성에 관한 자신의 관념에 부합해 살아가는 것을 방해받지 않는다. 단지 트랜스인들도 다른 모든 사람과 똑같이 주관적 권리와 그에 맞는 국가의 보호를 제공받으며 건강하고 활기차며 자유롭게 살아가는 것일 뿐이다. 그 때문에 권리를 제한받거나 무시당하는 사람은 없다. 오히려 모든 사람이 자유롭고 평등한 사람으로서 함께 살아갈 수 있는 공간이 확장된다. 그것은 해야 할 최소한의 일이다. 인격을 자유롭게 발현할 권리를 찾기 위한 소송을 트랜스인들에게만 맡겨두어서는 안 된다. 배제되거나 무시된 당사자들에게만 자유와 권리를 쟁취하는 일을 맡겨둘 수는 없는 일이다. 모든 사람에

게 동등한 자유와 권리를 인정하는 것은 분명 모든 사람에게
이로운 일이다.

*

순수성
- 순수에 대한 숭배와 폭력

"그들의 머리는 파괴의 희열과
죄를 저질러도 처벌받지 않는다는
확신으로 가득 차 있다."

- 클라우스 테베라이트Klaus Theweleit,
『범인의 웃음Das Lachen der Täter』

자신들의 집단이나 이데올로기를 더 우월한 것으로 묘사하
고 '우리'와 '타자들'을 구분하는 또 하나의 전략은 자신들의
'순수성'을 주장하는 이야기에 담겨 있다. 자기네 무리에 속
한 자와 적을 판가름하는 쉬볼레트는 이른바 '오염되지 않았
다'고 주장되는 이들과 '더럽다'고 주장되는 이들을 구분한
다. 깨끗하지 않거나 순수하지 않다고 판결된 사람은 잡초처
럼 골라내 처벌하는 게 마땅하다. 테러네트워크 IS의 이념적
강령인 살라피 지하디즘Salafistische Dschihadismus●은 자신들의
폭력에 더 높은 의미를 부여하기 위해 바로 이 순수의 프로
파간다를 확산시킨다.

여기서 이런 반박이 나올 수 있겠다. 왜 굳이 테러집단이 내세우는 강령까지 살펴보아야 하느냐고. 그자들이 베이루트와 튀니지에서, 파리와 브뤼셀, 이스탄불Istanbul과 락카Ra-qqa**에서 의도적으로 닥치는 대로 사람들을 살해한다는 사실을 아는 것으로 충분하지 않으냐고. 툴루즈에서 단지 유대인이라는 이유만으로 어린이까지 살해했던 야만적인 사건을 기억하는 것으로 충분하지 않으냐고. 파리의 코셔 슈퍼마켓에서 사람들을 살해한 사건, 브뤼셀의 유대박물관에서 일어난 사건도 모두 단지 희생자들이 유대인이라는 이유로 일어났음을 기억하는 것으로 충분하지 않으냐고. 유머와 비판의 자유를 믿고 그림을 그렸다는 이유만으로, 그것이 어떤 사람들을 화나게 했다는 바로 그 이유만으로 죽어야 했던 시사풍자지《샤를리 엡도Charlie Hebdo》의 편집진들에 대한 공격을 기억하는 것으로는 충분하지 않으냐고. 단지 음악을 들으러 가고 싶어 했다는 이유만으로 무슬림과 기독교도, 유대인, 무신론자 젊은이들이 목숨을 잃었던, 한때 소유주가 유대인이었

---

* 이슬람법이 미치지 않는 곳까지 정복해 이슬람 율법에 의해 통치하자는 사상. '살라프'란 아랍어로는 '선조', '조상'이라는 뜻으로, 선지자 무함마드와 1세대 제자들의 뜻을 추종한다는 의미를 담고 있다. 쿠란의 구절을 있는 그대로 해석하고 실천하는 것을 중요하게 여긴 살라피즘이 지하디즘(성전주의)과 결합하면서 무장세력화한 것이다.
** IS가 수도로 삼은 시리아의 도시.

던 파리의 바타클랑Bataclan 콘서트홀 테러는?[49] 휴양 온 사람들을 무차별적으로 살해한 튀니지 해변에서의 살육 또는 마냥빌Magnanville에서 경찰관 부부를 살해한 사건은? 이라크와 시리아에서는 야지디Yazidis 여인들이 성노예로 고통스럽게 살고 있으며, 사랑하고 갈망하는 방식이 다르다는 이유로 높은 담 위에서 총을 쏘아 동성애자들을 죽인다는 사실을 아는 것만으로는 충분하지 않으냐고.[50]

그런 일들에서 과연 이데올로기가 하는 역할이 있기는 하냐고. 그것은 잔인함, 납치와 협박, 언론을 활용해 불안과 공포를 확산하려는 메시지 전달, 세계를 활동무대로 한다는 점 등에서 멕시코 마약상들의 마피아 카르텔과 비슷한 범죄집단이 자행한 끔직한 테러일 뿐 그들의 강령을 담은 수사들을 살펴본다고 해서 무슨 소용이 있겠느냐고. 파리 공격이 있은 후 미국의 오바마 대통령은 범인들을 "소셜미디어를 잘 이용하는 살인자 무리"라고 표현했다. 세계 곳곳에서 살인을 저지르는 조직의 강령 같은 것을 다루는 일 자체가 그 일의 심각성을 가볍게 만들어주는 일이 아니겠냐고.

미국 브루킹스 연구소Brookings Institution에서 '미국과 이슬람 세계의 관계' 프로젝트를 이끌고 있는 박식한 IS 분석가 윌 맥캔츠Will McCants는 이렇게 썼다. "10년 동안이나 지하드Jihād

문화를 연구해왔지만, 사람들의 정신을 사로잡아 죄 없는 이들의 목숨을 빼앗도록 유도하는 그들의 능력은 언제나 나를 충격과 경악에 빠뜨린다."[51] 어떻게 사람으로 하여금 다른 사람을 죽이도록 몰아갈 수 있는지에 대해서는 설명이 필요하다. 다른 사람들을 더 이상 사람으로 보지 않도록 하려고 어떻게 훈련시키는지. 한 치의 망설임도 없이 아이들과 여자들과 남자들을 고문하고 살해하게 하려고 어떤 증오의 틀을 마련하는지. 다른 사람의 목숨을 빼앗고 소위 더 높은 목표라는 것을 위해 혹은 폭력의 외설적인 구경거리를 열광하며 지켜보는 동지들을 위해 자신의 목숨까지 기꺼이 바칠 수 있게 하려고 어떻게 훈련을 시키는지에 대해서도 설명은 필요하다.

때로 사람들은 IS와 관련한 일에서는 더 이상 그 무엇도 놀랍지 않다는 듯한 반응을 보인다. 그들이 저지른 암살은 누구나 다 비난한다. 그러나 사람들이 그토록 부도덕한 살해를 저지르도록 유도할 수 있었다는 사실에 대한 경악은 점점 희미해지고 있다. 마치 IS 공격의 횟수가 엄청나게 늘어남에 따라 그것이 하나의 습관으로 자리 잡은 것 같다. 마치 '그들은 IS의 추종자들이었어. IS가 사람들에게 어떻게 증오를 교육하는지, 어떻게 다른 사람들을 무가치한 존재로 멸시하도록 만드는지는 이미 잘 알고 있잖아' 하고 말하는 것만으로 충분한 것처럼. 이 기이한 태도 속에는 폭력을 사소한 일로 치부하는 위험이 도사리고 있다. 마치 IS의 테러가 일종의 자연법칙인 것처럼. 마치 이슬람의 테러는 특별한 출발점이 없이 자연적으로 발생한 일인 것처럼.

그러나 증오와 폭력이란, 이슬람의 증오와 폭력도 마찬가지로 단순히 존재하는 것이 아니다. '이슬람'으로부터 생겨난 것도 아니다. 그것이 진정한 무슬림의 특징도 아니다. 증오와 폭력은 **만들어진다**. 바로 전체주의 이데올로기를 갖춘 테러 조직에 의해서. 물론 그 테러리스트 전략가들은 이슬람 경전을 자기들에게 유리하게 끌어다 대지만, 대부분의 무슬림 율법학자들은 가짜 엄숙주의를 펼치며 폭력을 미화하는 그들의 경전 해석에 반대한다. 2015년에 영향력 있는 무슬림 율법학자 120명은 IS의 추종자들에게 IS의 이데올로기가 명백하게 **비이슬람적**이라고 비판하는 공개편지를 썼다. 그렇다고 그들이 IS에 반대하는 유난히 진보적인 개혁파인 것은 결코 아니다. 오히려 작성자 중에는 이집트의 대무프티Grand Mufti•

• 수니파(Sunni) 또는 이바디(Ibadi)파 이슬람 국가에서 종교법상 가장 높은 직책.

인 이브라힘 알람Shawki Ibrahim Abdel-Karim Allam과 이라크 무슬림 율법학자 연합의 창시자인 아흐마드 알 쿠바이시Ahmad Al-Kubaisi를 위시해 차드Chad와 나이지리아Nigeria부터 수단Sudan과 파키스탄Pakistan의 학자들까지 포함되었다.[52] IS 전략가들이 작성한 문서는 원전과 전거典據들을 자신들의 구미에 맞는 방식으로 끼워 맞춘 측면이 많다. 문장들이 포함된 더 넓은 문맥을 고려하지 않은 채 개개의 문장을 인용하고, 따로 떼어낸 단락들을 읽고 사용하면서도 전체 텍스트가 처한 배경은 함께 고려하지 않는다. 이런 식의 경전 해석은 이슬람을 왜곡하고 흠집 낸다. 저 무슬림 율법학자들이 의견을 같이한 것은 바로 이런 점이었다.

IS의 폭력은 어느 날 갑자기 폭발한 것이 아니다. 자살테러를 감행하거나 시리아나 이라크의 전쟁터에서 꼭두각시 노릇을 하는 이들은, 다른 사람들은 오직 적으로만 보게 하는 시각을 훈련받고 적은 죽여도 처벌받지 않는다는 가르침을 받은 이들이다. 여성과 유대인, 동성애자, 시아파Shi'a● 그리고 배신자로 낙인찍힌 모든 무슬림에 대한 증오를 찍어내는 틀

● 수니파와 함께 이슬람의 한 갈래다. 전 세계 무슬림의 90%가 수니파, 나머지 10% 정도가 시아파로 대부분 이란와 이라크 지역에 집중 분포되어 있다.

은 수많은 출판물과 동영상, 설교와 시를 통해 만들어지고 대화를 통해, 인터넷을 통해 그리고 거리에서 널리 확산된다.

이 책의 서두에서도 말했듯이 증오와 폭력은 그 자체만 따로 떼어 비난하기보다 그것이 작동하는 방식들을 함께 고찰해야 한다. 이 말이 의미하는 바는 뭔가 **달라질** 수도 있었을 경우, 누군가가 **다른** 결정을 내릴 수도 있었을 경우, 누군가가 **개입**했거나 누군가가 **발을 뺄** 수도 있었을 경우들까지 함께 보여주어야 한다는 뜻이다. 증오와 폭력을 무턱대고 거부하기만 하는 것이 아니라, 어떤 전략과 은유와 이미지를 가지고 증오를 만들어내며 어디로 그 방향을 돌리는지 관찰하면, 어느 지점을 치고 들어가야 그 이야기의 틀 자체를 전복할 수 있는지 알아낼 수 있다.[53]

IS의 문제는 이슬람주의자들의 과격화가 아니라 과격파의 이슬람화라고 주장하는 사람들은 그 테러네트워크가 어떻게 서로 완전히 이질적인 다양한 환경에 속한 추종자들을 모집해 허무주의적 신학에 동원할 수 있었는지도 분석해야 한다. IS의 담론 전략과 이미지 정치 전략, 이데올로기와 자기 이미지를 파악하는 일은 모든 군사적, 정치적 대테러전의 전제이기도 하다. 2015년에 미군 중동 특수작전부대 사령관인 마이클 K. 나가타Michael K. Nagata 소장은 그때까지의 대테러전이 갖고 있던 문제점을 허심탄회하게 평가했다. "우리는 아직 그들의 동향을 이해하지 못하고 있고, 그것을 이해할 때까지 그들을 꺾지 못할 것이다. 우리는 아직 그들의 이념을 논파하지 못했다. 아니 이해조차 못하고 있다."[54]

　(단지 테러리즘과 조직적 폭력의 온상만이 아니라) 혐오와 증오의 온상이 문제라면, 일찌감치 알아차려야 할 배제의 메커니즘과 사상의 과격화가 문제라면, 그렇다면 이웃들과 친구들, 가족, 인터넷 커뮤니티까지, 그러니까 사회적 환경 전반이 모두 함께 광신주의를 예방하는 노력에 동참해야 한다. 증오를 야기하고 특정한 방향으로 그 증오를 돌리는 구조, 그리고 사전에는 폭력을 정당화하고 사후에는 폭력을 명예로운 것으로 기리는 담론을 제대로 꿰뚫어 보는 시각을 갖추면 시민사회의 책무와 행동할 수 있는 기회와 가능성도 확장된다. 그런 시각이 있다면 광신주의를 막아내는 일을, 범행의 가능성이 농후해진다는 낌새가 있어야만 사태에 개입하는 치안담당자들에게만 맡겨두지 않는다. 종교와 정치와 성의 다양한 양상들이 자유롭게 번영할 수 있는 개방적이고 다원적인 사회를 수호할 의무는 우리 모두의 몫이다.

*

IS의 등장과 부상을 이해하려면 지난 세월 이라크와 시리아의 정치사회적 상황 전개라는 역사적 맥락에서 보아야 하지만, 여기서는 IS가 살라피Salafiyah 지하드를 혁명적 이데올로기로 혁신 계승한 세력이라는 관점에서 살펴볼 것이다. 런던정치경제대학교의 파와즈 A. 게르게스Fawaz A. Gerges에 따르면 기본적으로 IS의 살라피 지하디즘 세계관에 토대와 윤곽을 마련해주는 문서 또는 경전으로 세 가지가 있다. 하나는 2000년대 초에 아부 바크르 나지Abu Bakr Najji가 쓴 280쪽짜리 포괄적 선언문『야만의 경영The Management of Savagery』이고, 또 하나는 아부 압둘라 알 무하지르Abu Abdullah Al-Muhajir가 쓴『지하드 법학 입문Introduction to the Jurisprudence of Jihad』, 셋째는 닥터 파들Dr. Fadl이라는 애칭으로 불리는 사이드 이맘 알 샤리프Sayyid Imam Al-Sharif가 쓴『준비의 핵심The Essentials of Making Ready』이다.[55] IS에 가담했거나 살해행위를 통해 IS에 대한 충성을 고백한 이들 중에서 이 문서들을 다 공부한 이들은 얼마되지 않을 것이다. 그래도 이 문헌들에는 IS가 스스로 갖고있는 자기상을 이해할 수 있는 수많은 단서들이 담겨 있다. 그밖에 다양한 미디어 채널을 통해 확산된 IS 수장 아부 바크르 알 바그다디Abu Bakr al-Bagdadi의 몇몇 연설문과 IS 공식 대변인 아부 무함마드 알 아드나니Abu Muhammad al-Adnani의 오디오 메시지도 잘 알려져 있다.[56] 《디 차이트Die Zeit》의 필진이자 테러리즘 전문가인 야신 무샤르바시Yassin Musharbash에 따르면, 알카에다Al-Qaeda 이라크 지부의 창설자 아부 무사브 알 자르카위Abu Musab al-Zarqawi의 연설도 영향력 있는 지침 중 하나다.[57] 그밖에 특히 인기 있는 것은 정교하게 연출한 프로파간다 영화들이다. 2014년 8월에 나온 36분짜리 프로파간다 영화 〈예언의 방법론에 대하여Upon the Prophetic Methodology〉가 대표적이다.[58]

그렇다면 IS는 과연 어떤 이야기들로 스스로에 관해 이야기하는 것일까? 그 이야기들을 통해 창작해내고 주장하는 '우리'는 어떤 것이며, 사람들이 다른 사람을 고문하고 죽이는 일을 아무렇지 않게 할 수 있는 일로 만들고 나아가 그렇게 하도록 동기를 부여하는 증오의 틀은 어떻게 만들어지는가? IS의 기본 문헌과 연설문을 읽어볼 때 제일 먼저 눈에 띄는 것은 바로 포용의 약속이다. 2012년에 〈라마단 달에 무자헤딘Mujahidin*과 움마Ummah**에 보내는 전언〉이라는 제목의 연설에서 아부 바크르 알 바그다디는 이렇게 말했다. "그대

---

* 지하드에 종사하는 전사들이라는 뜻.
** 이슬람 종교공동체를 가리킨다.

들에게는 하나의 국가와 하나의 칼리파 체제가 있고, 거기서는 아랍인이든 아니든, 백인이든 흑인이든, 동쪽에서 온 사람들이든 서쪽에서 온 사람이든 모두가 한 형제다."[59] IS는 모순적인 자기인식으로 스스로 국가라고 주장하고 있지만, 동시에 그 국가는 기존 국민국가들의 국경을 존중하지 않는 잠재적으로 열린 영토로서 구상된 것이다.[60] 즉, 기존의 국민국가들을 초월해 영토는 유동적이며 누구에게나 활짝 열려 있다고 주장하는 칼리프국가를 세운 것이다. "이슬람국가IS는 인위적인 국경도, 이슬람 시민 외의 어떠한 시민도 인정하지 않는다." 그러므로 알 바그다디가 무자헤딘에게 보내는 메시지의 수신대상으로 삼은 것은 명백하게 **초국가적인 우리**다. 아랍인이든 비아랍인이든, 백인 신자든 흑인 신자든, 동쪽에서 왔든 서쪽에서 왔든 세속주의에 대한 전쟁, 우상숭배와 '불신자들'과 '유대인', 그리고 그들을 보호하는 자들에 대한 전쟁에서는 모두 하나가 되어야 한다는 것이다.

IS의 증오에서 제일 먼저 눈에 띄는 특징은 평등주의다. IS 지하드의 전위에 가담하라는 부름은 (거의) 모든 이를 향한다. 이웃 아랍 국가들과 체첸, 벨기에, 프랑스, 독일 등을 가리지 않고 남녀노소도 가리지 않으며, 피부색도 사회적 출신도 아무 의미 없고, 고등학교를 중퇴했든 졸업했든, 사담 후세인

Saddam Hussein 치하 이라크 군대에서 장교를 지낸 이든 군대에 대해 아무것도 모르는 이든 상관없다.[61] 가담을 원하는 사람, 알 바그다디가 선전한 교리에 충성을 맹세한 사람은 누구나 환영받을 뿐 아니라 그 보상으로 다른 이들에 대한 지배까지 약속받는다. "무슬림들은 모든 이 위에 군림하는 지배자가 될 것이다."[62]

IS의 이데올로기는 이렇게 가담하려는 모든 이에 대해 개방성을 주장하고 있지만, 동시에 더 높은 지위도 약속한다. IS에게 충성을 맹세한 사람에게는 권력이, 아니면 적어도 자유로움이라도 주어질 것이라고 한다. 그렇지 않은 모든 사람은 더 낮은 지위로 떨어진다. 이처럼 IS는 한편으로 **평등주의자**라고 선언하면서도 다른 한편으로는 자신들이 **차별의 도구**임을 드러낸다. IS와 함께 성전의 전위에 선 지하드 전사들은 '경건한 조상들as-Salaf aṣ-Ṣāliḥ'이 꾸렸던 이슬람의 '본원적' 형태를 되살리겠다는 제국의 야심을 (그리고 폭력으로써 그 야심을 관철하겠다는 의지를) 명예처럼 품고 있다. 이렇게 중세의 이슬람을 계보학적으로 끌어오는 것이 역사적으로 정확한 것인지, 아니면 순전히 현대에 지어낸 것인지는 아직 분명하지 않다. 중요한 것은 이른바 '진정한' 이슬람을 향한 귀환이자 출발이라는 수사다.[63]

여기서 또 하나 대단히 중요한 것은 IS가 수니파 이슬람의 프로젝트라는 점이다. 시아파 이슬람은 절대적인 타자로 단죄되고 멸시된다. 극단적인 수니파의 정체성 정치를 추구하는 한편 보편적 지하디즘까지 설파하는 수니파의 범이슬람주의는 이렇게 스스로 모순을 드러낸다.[64] IS는 경계를 없애는 동시에 경계를 긋는 존재로, 포용하는 동시에 배제하는 존재로, 포용적 배제로서 자신을 내세운다. "순수성이니 오염 같은 말을 들먹이는 것은 자신의 지위에 대한 주장과 연결된다." 인류학자 메리 더글러스Mary Douglas가 『순수와 위험Purity and Danger』이라는 연구서에서 쓴 말이다.[65] IS는 순수함을 숭배함으로써 자신들이 가장 높은 지위에 있다고 주장한다.

아마도 이 이중의 약속이, 즉 시간을 초월한 '우리'에 소속될 수 있는 동시에 그 안에서 자신이 '더 나은', '더 참된', '더 진정한' 무슬림이라고 느낄 수 있다는 아무 조건 없는 초대가 가장 큰 매력을 발휘하는 것 같다. 바로 이런 포용성이 자기가 어디에도 속하지 못하고 어디에서도 역사적 과업에 동참하지 못한다고 느끼는 모든 유럽의 무슬림들을 강하게 빨아들이는 힘이다. 언제나 2등 시민으로 대접받아서 사회로부터 배제되었다고 느끼는 사람, 자유와 평등과 형제애라는 개념이 빈말로밖에 느껴지지 않는 사람, 실직 상태거나 범죄적 환경에 속해 있어 직장도 구하지 못하고 하릴없이 나날을 보내는 사람, 어떻게 삶을 꾸려가야 할지 몰라 한 걸음도 떼지 못하는 사람, 의미나 자극을 찾는 사람, 이 모든 이들에게 그런 약속은 무척이나 희망적으로 들릴 것이다. 그들은 모두를 환영한다고 주장하는 공동체 흉내에 매혹되지만, 사실 그 공동체는 너무나 반개인적이고 권위적인 질서로 조직되어 있어서 결국 모든 사람에게서 각자의 고유함을 앗아가 버린다. 게다가 IS는 개개인에게 명예까지 약속하며, 특히 온라인 잡지 《다비크Dabiq》를 비롯한 미디어들이 거들고 나서서 전사들 개개인과 그들이 수행한 군사작전에 관해 개인적인 후일담을 전해주는 일도 전담하고 있지만, 괘씸한 이탈이나 '불충'은 피도 눈물도 없이 처벌한다.[66]

철저한 (자기-)순화의 과격보수 프로젝트가 실제로든 상상으로든 적으로 삼는 것은 기독교인이나 유대인뿐만이 아니라, 배신자라는 비난을 받고 제외된 모든 이들이다. IS의 선언문 격인 『야만의 경영』은 '격하된' 무슬림 공동체를 그 수모에서 해방시키는 것을 자신들의 사명으로 규정한다. 이슬람의 쇠퇴에 대한 책임은 '서구'나 과거 식민지 지배국뿐 아니라, 이슬람 신자들의 정신을 산만하게 만들어 굴복시킨 모든 종류의 오락에게도 돌아간다. "대중의 힘은 유약해졌고 수많은 오락들 앞에서 자의식도 희미해졌다."[67] 저 선언문은 신에 대한 의무를 소홀히 한 무슬림들에 대한 경멸로 가득하다. 발칙하게도 무슬림의 신심을 허약하게 만드는 요소로는 '성기와 위장의 쾌락'과 부의 추구, '기만적인 미디어' 등을 꼽는다. 무슬림들이 유일신을 순수하게 숭배하는 일에 방해가 되는 것이면 무엇이든 타락한 것 또는 '더러운' 것으로 불린다. IS가 폭력으로써 세우고자 하는 것은 모든 해로운 열정들을 위생적으로 제거한, 엄격하게 경건한 질서다.[68]

IS가 권위의 기반으로 삼는 그 문헌들이 유포하는 것은 묵시록적 서사다. 이 서사에 따르면 우선 공격적인 지하드의 폭력은 몇 단계에 걸쳐 질적으로 전략적으로 점차 강화될 것이다. 신의 지배라는 질서를 세우기 위해 그토록 힘써 노력하는 과정에서 혼란과 불안정이 생기겠지만 이는 오히려 바람직한 것이다. 적들은 "학살하고 고향을 빼앗아야" 한다. 모든 관용, 폭력이라는 수단에 대한 모든 회의는 기만적인 나약함으로 멸시된다. "성전을 치르면서 폭력을 회피하고 나약함에 사로잡히는 것은 본질적으로 우리가 힘을 잃게 만드는 주요 요인이 된다."[69]

그것은 절대적인 악과 절대적인 선만이 존재한다고 보는 이분법적 세계관이다. 사이에 존재하는 모든 것, 모든 차이,

모든 모호함은 잘못된 것이다. 모든 근본주의자들과 광신도들의 특징은 자신들의 입장에 대해 어떤 회의도 허용하지 않는다는 것이다. 모든 고려와 주장과 인용은 절대적으로 확정된 의미를 담은 것으로 여겨진다. 사회적으로나 정치적으로나 어떤 다른 의견의 여지도 허용하지 않는 것이 바로 권위적 정권의 남다른 특징이다. 그토록 잔혹한 학살과 포로의 참수와 화형을 설명하고 '정당화'하는 이유 역시 그렇게 설명된다. IS의 처형동영상을 볼 때 가장 경악스러운 것은 실제로 그 동영상들이 대단히 '설교조'의 태도를 취하고 있다는 점이다. 그렇게나 잔인한 행위를, 자신들의 인간멸시를 그토록 끔찍한 방식으로 전시하면서도 아주 '교육적'인 일인 양 꾸미며 '근거들'을 제시한다. 사람을 처형하거나 시아파의 모스크나 건물을 닥치는 대로 파괴한 일도 그 이야기 속에서는 언제나 '필연적'인 일이라고 주장한다. 그러나 무차별적인 폭력이 등장하는 장면에서는 그것이 무차별적인 폭력이라는 인상을 주어서는 안 된다. 그런 장면 연출에서 쾌감을 느낀다는 것이 드러났거나, 인간의 고통을 보며 사디스트적 희열을 보였다면 이는 개인적이고 주관적 요소일 뿐이라고 바로잡아야 한다. IS의 이름으로 행한 모든 행위는 신학적으로 해명할 수 있는 형식이어야 하고 살라피 지하디즘의 '근거'를 갖추고 있어야 한다. 일부가 명백하게 드러내는 폭력에 대한 쾌락적 태도로는 충분하지 않다. 폭력에 의미를 실어야 한다. 그들이 끌어댄 '근거들'이 옳아야 한다는 말이 아니다. 그보다 더 중요한 것은 증오와 폭력이 결코 우연히 일어난 것이 아니라 언제나 의도되고 통제된 일로 보여야 한다는 것이다. 모든 테러는 모든 행위에 정당함을 부여하는 권위라고 주장되는 그들의 질서체계에 따른 논리적인 테러로 보여야 하는 것이다. 이 불변의 자기해명은 이중의 수신자를 향해 이중의 메시지를 보낸다. 한편으로 그것은 외부를 향해, 여기에 그저 무계획적인 게릴라 집단이 아니라 강력하고 합법적인 국가가, 모든 대중문화의 미학을 활용해 소통할 수 있는 노련한 기술을 갖춘 국가가 움직이고 있다는 신호를 보낸다. 다른 한편으로는 자신들의 내부를 향해, 여기에는 독립적인 결정이나 민주적인 야심을 품을 여지가 전혀 없다는 신호를 보낸다. IS의 전체주의적 지배자들은 이렇게 안팎으로 끊임없이 커뮤니케이션을 이어감으로써 자신들의 헤게모니적 담론을 확립한다.

*

이제 IS는 이데올로기의 수직축에서만이 아니라 수평축에서도 **순수 숭배**를 밀고 나가고 있다. 한편으로는 앞에서도 서술했듯이 신학적-계보학적 방향에서 완고한 프로그램을 추진한다. 그것은 조상들의 관습과 신념을 기억하는 (또는 그것을 오늘날의 모범으로 만들어내는) 일이다. 다른 한편으로는 아랍 국가들이든 유럽이든 문화적으로 혼종적인 현재의 사회를 향해서도 정화의 야망을 불태운다. 그들이 변절하고 부패했다고 주장하는 변형된 이슬람뿐 아니라, 특히 다양한 종교와 문화가 동시에 존재할 수 있게 만든, 세속국가라는 자기정체성을 지닌 계몽된 현대성도 그들에게는 절대적 타자이자 더러운 존재, 불순한 존재다. IS의 독단적 교리에서 보자면 사실 **절대적 타자**는 다원성, 다양한 종교들의 공존, 그리고 특정 종교와 분리된 채 수립된 확고하게 세속적인 국가들이다.

IS의 전임 지도자였던 아부 오마르 알 바그다디Abu Omar al-Baghdadi는 2007년에 발표한 메시지 〈일러 가로되 실로 내가 주님의 말씀으로 임하나〉에서 이렇게 말했다. "아무리 서로 다른 깃발을 달고 다른 정당에 속해 있어도 세속주의는 명백한 불신앙이자 이슬람에 반하는 것임을, 그리하여 세속주의를 실천하는 자는 결코 무슬림이 아님을 우리는 확신한다."[70] 아주 흥미로운 구절이다. IS로서는 세속주의를 불신앙이라고, 이른바 이슬람과 대립한다고 여겨지는 무엇이라고 선언해야만 한다. 물론 세속주의는 종교가 아니다. 그런데도 IS가 명백히 그 점을 부정해야 한다고 생각한다는 점이 주목할 만하다. 그렇다. 당시의 IS 수장은 "세속주의를 실천하는 것"은 비이슬람적인 일이며, 무슬림에게는 합당하지 않은 일임을 강조했다. 그 말은 마치 세속주의가 개인적으로 실천하는 어떤 활동인 것처럼 들린다. 마치 세속주의가 모종의 예배나 숭배를 요구하는 것처럼 말이다. 흥미롭다. 왜냐하면 세속주의란 모든 종교의 권력과 분리된 탈형이상학적 권위에 의지하는 국가 체제를 일컫는 것이기 때문이다.

순수의 이데올로기는 다양한 종교적 신념과 실천방식이 서로 공존할 수 있음을 인정하지 않는다. 한 국가가 스스로를 계몽된 국가라고, 개별적인 종교를 넘어서서 모든 이에게 동등하게 책임과 의무를 지니는 존재라고 인식할 수 있다는 것도 인정하지 않는다. 한 사회가 모든 사람이 동등한 주관적 권리를 지니며, 모두가 각자 특정한 종교적인 실천과 신념을 실행할 수 있고, 이들 모두가 존엄성을 지니는 민주적이고 세속적인 질서를 세울 수 있다는 것도 인정하지 않는다. IS에게는 문화나 종교가 뒤섞이는 것보다 더 역겨운 일은 없는 듯하다. 저 순수의 페티시즘은 모든 혼종, 모든 다원성에 극렬히 반대한다. 그런 점에서 IS의 광신적 이데올로그는 유럽 신우파의 이데올로그와 닮았다. 그들은 문화적 '비순수'를, 다양한 종교적 지향들이 평화적으로 공존하는 상황을 적대시한다. 이슬람이 유럽에 속할 수 있다는 것, 유럽의 개방적인 민주주의 안에서는 각 사회의 헌법을 존중하는 다른 모든 종교의 신자 및 무신론자 들과 마찬가지로 무슬림들도 똑같이 인정받을 수 있다는 것은 그들로서는 생각할 수도 없고 결코 바라지도 않는 일이다.

IS가 난민들의 인도주의적 위기 상황과 유럽이 난민을 받아들이는 과정에서 독일 앙겔라 메르켈Angela Dorothea Merkel 총리의 정책에 반대하는 프로파간다를 적극적으로 추진하는 이유도 그로써 설명된다. 그들은 최소한 5편의 비디오 메시지를 통해, 난민들에게 유럽으로 옮겨가서는 안 된다는 경고를 보냈다.[71] 이 동영상들은 유대인과 기독교인, '불신자들'과 더불어 살아가는 무슬림들을 신랄하게 비판한다. 우파 선동자들이 주장하는 것과 달리 난민들에 대한 인도적 태도는 IS를 도와주는 일이 아니다. 무슬림 난민들에 대한 공정한 대우와 포용적인 환영, 유럽의 품 안에 들어갈 실질적 기회를 제공하는 모든 행동과 법률과 처우는 이슬람 이데올로기에 직접적인 위협을 가한다. 난민들의 도주로를 IS가 잠재적 암살자들을 유럽으로 보내는 데 이용하리라는 것은 경찰의 전술과 안

보정책의 측면에서 간과할 수 없는 위험이다. 그러나 그렇다고 해서 오로지 유럽의 분열을 공격과 프로파간다의 목표로 삼는 IS의 강령적, 군사적 전략이 달라지지는 않는다. 무슬림의 유럽과 비무슬림의 유럽으로 양분하는 것이 지하드의 명시적인 단계적 목표다. IS가 유럽이나 미국에서 테러공격을 가할 때마다 곧바로 각 해당 국가가 그곳에 살고 있는 무슬림들을 향해 최대한 집단적으로 보복하기를 바라는 것은, 매우 뒤틀리기는 했지만 그들로서는 논리적이고 합리적인 바람이다. 그들의 입장에서 현대 세속국가에 살고 있는 무슬림들은 무조건 그 집단 전체가 의심을 받는 상황에 처해야 하며, 그럼으로써 고립되고 배제되어야 한다. 그래야만 현대 민주국가에서 떨어져 나와 결국 IS에게로 향하게 될 것이기 때문이다. 이슬람의 공격이 있을 때마다 모든 무슬림을 싸잡아 저주하는 목소리, 무슬림의 기본권과 존엄을 부인하는 목소리, 무슬림들을 오직 폭력과 테러와만 연관 짓는 목소리가 들리는 것은 정확히 IS가 꿈꾸는 분열된 유럽을 실현하는 일이며 자기도 모르게 그들의 순수 숭배를 후원하는 결과를 낳는다.

그러므로 계몽된 사회는 변함없이 세속적이고 개방적인 현대를 지켜나갈 의무감을 놓지 않는 것이 무엇보다 중요하다. 그것은 문화와 종교와 성의 다양성을 단순히 관용하는 데 그치는 것이 아니라, 그 다양성을 늘 소중히 여기고 기리는 일에 달려 있다. 표준에서 벗어나고 다른 의견을 가진 이들까지 포함해 모든 개인의 자유는 바로 그 다양성 안에서만 꽃 필 수 있다. 오직 자유로운 공공의 영역 안에서만 모순과 자기회의가 들어설 여지, 그리고 모호함의 장르로서 아이러니가 들어설 여지가 유지될 수 있다.

*

3

순수하지 않은 것에 대한 찬미

Gegen Den Hass
Carolin Emcke

*

> "'우리'는 '내'가 추가된 것도
> 내가 나란히 병존하는 것도 아니다."
>
> ― 장 뤽 낭시Jean-Luc Nancy,
> 『단수이자 복수인 존재Être singulier pluriel』

드니 디드로Denis Diderot와 장 르 롱 달랑베르Jean Le Rond d'Alem-bert가 1752년부터 1772년 사이에 계몽주의 지식을 집대성해 편찬한 28권짜리 『백과전서Encyclopédie』에는 광신주의Fanatismus에 대한 정의가 실려 있는데, 이 정의는 오늘날에도 여전히 유효하다. 알렉상드르 들레르Alexandre Deleyre가 저술한 그 항목에 따르면 "광신주의란 미신적인 생각들로부터 생겨나 부끄러움도 후회도 없이, 아니 오히려 일종의 기쁨과 만족감까지 느끼며 우스꽝스러운 행동이나 옳지 않은 행동, 잔혹한 행동을 저지르게 하는 맹목적이고 격정적인 열중"이다.[1] 이는 유사종교적 열광자든 정치적 열광자든 오늘날의 광신자들도 마찬가지다. 우선 그들은 증오에 불을 지피고 '근거를 대기' 위한 교리와 미신 들을 만들어낸다. 또한 부끄러움도 후회도 없이 때로는 그저 우스꽝스러운 입장을 대변하고, 때로는 부정한 짓과 잔인한 짓도 서슴지 않는다. 때로 그들의 맹목적인 선전은 너무나 어처구니없는 음모론 같아서 심지어 재미있게 느껴질 정도다. 그러나 그 미신이 실제로 사람들을 동원할 힘을 지닌 강령으로 굳어지는 것을 보면 그런 명랑함은 순식간에 사라진다. 사람들을 위협하고, 비난해 낙인찍고, 공적인 공간과 언어를 앗아가고, 해를 입히고 공격하기 위해 증오를 부추기는 때가 되면, 그 모든 것은 재미있거나 우스운 것과는 완전히 멀어진다. 그 광신주의가 동질적 국민이라는 표상과 연결된 것이든, **종족**ethnos으로 이해되는 '민족Volk'에 대한 소속감을 내세우는 인종주의적 개념과 연결된 것이든, 아니면 '순수'라는 유사종교적 관념과 연결된 것이든 이 모든 교리는 자의적이고 의도적인 포함과 배제의 비자유주의적 역학과 하나로 결합된다.

　독단에 빠진 광신주의자들이 의존하는 것이 있다면 그것은 의심의 여지없이 확실한 명확성이다. 그들에게는 하나의 '동질적' 민족, 하나의 '참된' 종교, 하나의 '본원적' 전통, 하나의 '본연적' 가족과 하나의 '진정한' 문화라는 하나의 순수한 교리가 필요하다. 어떤 이의도, 어떤 모호함도, 어떠한 양립도 허용하지 않는 비밀번호와 암호가 필요하며, 그들의 가장 큰 약점도 바로 거기에 있다. 순수와 단순의 교리는 모방적 대응 전략으로는 극복할 수 없다. 엄숙주의로써 엄숙주의와, 광신주의로써 광신주의자와, 증오로써 증오하는 자와 대결한다는 것은 가망 없는 일이다. 민주주의에 대한 적대감에 대해서는 민주주의와 법치국가의 수단을 가지고 싸우는 수밖에 없다. 자유롭고 열린 사회가 스스로를 방어하려 한다면, 그것은 늘 자유롭고 열린 상태를 유지함으로써만 가능하다. 현대의 세속적이고 다원적인 유럽은 공격을 받더라도 현대적이고 세속적이며 다원적이기를 포기해서는 안 된다. 종교적 광신주의자와 인종차별적 광신주의자가 동일성과 차이라는 범주로써 사회를 분열시키려 획책할 때는, 사람들 사이의 유사성을 더욱 중시하는 연대적 동맹이 필요하다. 광신주의 이데올로그들이 투박하고 단순한 세계관을 제시한다면, 단순함과 투박함으로 그들을 능가하려 할 것이 아니라 오히려 더 섬세하게 구별하는 노력이 필요하다.

또한 광신주의의 본질주의에 대해서도 본질주의적 가정들로 대응하려 해서는 안 된다. 증오와 멸시에 대한 비판과 저항은 항상 증오와 멸시의 구조와 조건들을 대상으로 삼아야 한다. 개개인을 악마적 존재들로 죄악시할 것이 아니라, 그들이 언어적 또는 비언어적으로 보이는 행동들을 비판하고 저지하는 것이 중요하다. 법적으로 처리해야할 범죄에 대해서는 당연히 그 범인을 법적으로 추적해 수사하고 가능하면 법적 판결까지 받아내야 한다. 또한 증오와 순수의 광신주의에 맞서려면 시민사회와 시민들이 나서서 배제와 포함의 기술들에, 어떤 사람은 보이게 하고 또 어떤 사람은 보이지 않게 만드는 인식의 틀에, 개인을 집단을 대표하는 표본으로만 보는 시선의 체제들에 저항해야 한다. 모든 사소하고 저열한 형태의 멸시와 굴욕에 용기 있게 이의를 제기해야 할 뿐 아니라, 배제된 이들을 지원하고 연대할 수 있는 법률과 실천도 필요하다. 그밖에 다른 관점들과 다른 사람들의 존재를 인식시킬 수 있는 다른 서사들도 필요하다. 증오의 틀을 무너뜨려야만, "전에는 서로 다른 것들만 보였던 곳에서 비슷한 것들을 발견할" 때에만 공감이 생겨날 수 있다.[2]

광신주의와 인종주의의 내용만이 아니라 형식에 대해서도 저항해야 한다. 이는 스스로도 똑같이 과격해져야 한다는 의미가 **아니다**. 혐오와 증오, 그리고 폭력으로써 저들이 꿈꾸는 내전 시나리오(또는 종말의 시나리오)에 힘을 실어주라는 말도 아니다. 그보다는 증오와 폭력으로서 분출된 불만이 애초에 발생한 장소와 구조를 찾아 경제적, 사회적으로 개입해야 한다는 말이다. 광신주의가 발붙이기 전에 미리 예방하고자 한다면, 유사종교적 교리 혹은 민족주의적 교리가 어떤 경제적, 사회적 불확실성을 가짜 확실성으로 덮어 가리는지 밝혀내는 일도 결코 포기해서는 안 된다. 광신주의를 예방하려는 사람이라면 왜 그렇게 많은 사람들이 한낱 이데올로기에 자신의 목숨을 기꺼이 바칠 만큼 하찮게 여기는지도 물어야만 한다.

그러나 무엇보다 필요한 것은 순수하지 않은 것과 다른 것을 옹호하는 일이다. 그것이야말로 순수함과 단순함의 페티시즘에 사로잡힌 증오하는 자와 광신주의자가 가장 거슬려 하는 일이기 때문이다. 그러려면 계몽된 의심과 아이러니의 문화가 필요하다. 그것이 엄숙주의적 광신주의자와 인종주의적 독단론자가 가장 못마땅해하는 사유의 풍토이기 때문이다. 순수하지 않은 것에 대한 옹호는 공허한 약속으로 그쳐서는 안 된다. 유럽사회가 다원적이어야 한다고 주장만 할 것이 아니라, 포용적 공존에 필요한 정치적, 경제적, 문화적 투자에도 진지하게 나서야 한다. 왜일까? 왜 다원성이 가치 있다는 것일까? 그저 하나의 교리를 또 하나의 교리로 대체하는 것은 아닐까? 문화적 다양성이나 종교적 다양성이 자신들의 행동이나 신념을 제한할 것이라고 두려워하는 이들에게 다원성이란 어떤 의미일까?

한나 아렌트는 『인간의 조건The Human Condition』에서 이렇게 말했다. "우리가 복수複數로 존재하는 한, 다시 말해 우리가 이 세계에서 살며 움직이고 행동하는 한, 유의미한 것은 오직 우리가 서로 이야기로 나눌 수 있고 또한 혼자만의 대화로도 이야기 나눌 수 있는 것, 즉 말하기를 통해서 의미가 생겨나는 일뿐이다."[3] 아렌트에게 다원성은 무엇보다 피해갈 수 없는 경험적 사실이다. 그 누구도 개별적으로 고립된 채 존재하지 않으며 우리는 많은 수로서, 복수로서 이 세계에서 살아간다. 그러나 현대의 다원성은 다른 모든 것이 맞추어 가야할 어떤 원原-모형, 미리 주어진 어떤 표준이 복제된 것을 의미하지 않는다. 아렌트가 보기에 **인간의 조건**과 인간 행동의 특징을 보여주는 것은 "물론 모두가 같은 존재, 즉 사람들이지만, 이 사람들 중 누구도 한때 살았거나 지금 살고 있거나 앞으로 살게 될 다른 어떤 사람과도 똑같지는 않은, 아주 기묘한 방식으로 같은 존재인" 그러한 다원성이다.[4] 이 서술은 흔히 통용되는 동일성과 차이라는 관념의 모순을 아주 우아하게 보여준다. 여기서는 인간으로서 보편적 '우리'에 공통으로 소속되는 것도 중요하지만, 동시에 고유한 개인으로서의 유일무이성도 중요하다. 여기서 말하는 복수는 정지된 상태의 우리, 즉 강제적으로 동질화된 덩어리가 아니다. 한나 아렌트의 논의에서 복수란 다양한 개인의 특수성들로 이루어진 복수다. 모두가 서로 닮았지만 아무도 다른 누구와도 똑같지는 않는 것, 그것이 바로 복수성의 '기묘하고' 매혹적인 조건이자 가능성이다. 정화한다는 명목으로 개별적인 사람들의 유일무이성을 제거하는 결과만 낳는 모든 표준화는 그런 복수성의 개념에 어긋난다.

장 뤽 낭시는 이렇게 말했다. "처음부터 모든 개별 존재는 유일무이하며, 따라서 다른 모두와 함께, 다른 모두의 안에서 모두가 다 유일무이하다."[5] 이에 따르면 단수는 이기적인 개별자가 아니다. 그리고 복수도 단순히 '나의 추가나 병존이' 아니다. 개인성은 서로 함께하는 관계, 서로에 대한 관계 안에서만 인식될 수 있고 실현될 수 있다. 누구나 혼자서는 독특한 것이 아니라 단지 혼자일 뿐이다. 자신의 소망과 욕구를 비춰 보여줄 수도 있고 접게 할 수도 있는 사회적 공존이 필요한 것이다. 스스로를 단색의 통일체로만 이해하는 '우리'에게는 다양성도 개인성도 없다. 다시 말해서, 그 안에서 다양한 삶의 설계들이 동등하게 존재할 수 있는 조건과 구조를 만들어내는 문화적, 종교적 다양성과 비균질적 사회와 세속적 국가는 개인의 신념을 제한하는 것이 아니라 오히려 널리펼치게 하고 무엇보다 우선해서 보호한다. **한 사회 내의 복수성은 개인이나 집단에게서 자유를 앗아가는 것이 아니라 오히려 무엇보다 먼저 그 자유를 보장한다.**

유사종교적 광신주의자들과 민족적 국가주의자들은 주로 그와는 다른 그림을 그린다. 그들은 동질적이고 본원적이며 순수한 집단을 추구하고, 그런 집단이 더 큰 보호와 안정을 줄 수 있다고 암시한다. 다원적 사회는 단결을 위태롭게하며 자신들이 소중히 여기는 전통을 점진적으로 전복한다고도 주장한다. 이 주장에 대해 한편으로는 이렇게 반박할 수있다. 세속국가라는 관념도 전통, 즉 계몽주의의 전통에 속하며, 또한 전통이라는 것도 **만들어지는** 것이라고. 다른 한편으로 순수하고 동질적인 국가라는 교리는 이른바 '이방'의 존재또는 '적대적'이거나 '참되지 않은' 존재로 선언된 이들을 골라내 배제하기 때문에 결코 안정성을 보장하지 않는다고도주장할 수 있다. 특히 그렇게 본질주의로 가득 찬 공동체 개념으로부터는 어떤 보호도 받을 수 없다. 개방적이고 다원적이며 자유로운 사회는 종교적인 삶이든 무신론적 삶이든 개인의 삶의 설계와 관련해 어떤 지침도 제시하지 않으며, 상규에서 벗어난 개인적 신념이나 신체, 좋은 삶이나 사랑, 행복에 관한 모든 일탈적 관념이나 실천도 모두 보호한다. 그것은 흔히 가정하는 것처럼 단순히 합리적이거나 규범적인 주장만이 아니다. 순수하지 않은 것을 옹호하는 것은 상처 입기 쉽고 또한 불안해지기 쉬운 존재인 인간의 감정적 욕구들도 보살피는 일이다. 현대 사회에서 문화적 다양성을 인정한다는 것은 개별적인 삶의 구상, 개별적인 전통이나 종교적 신념이 자리할 곳이 없다는 의미가 결코 아니다. 세계화된 현실을 인정한다는 것도 좋은 삶에 대한 각자의 관념을 존중하지 않는다는 의미가 아니다.

나의 개인적인 느낌을 말하자면 세속적 입헌국가에 문화적, 종교적, 성적 다양성이 존재한다는 사실은 굉장히 **안정감**을 안겨준다. 공적인 공간에서 그런 다양성을 볼 수 있는 한, 나의 모든 특성과 동경, 어쩌면 일탈적일 수도 있는 신념과 실천방식에도 불구하고 한 개인으로서 내가 보호받을 수 있는 자유로운 여지를 보장받고 있다고 확신할 수 있다. 내가 살고 있는 사회가 다양한 삶의 방식과 다양한 종교적, 정치적 신념을 허용하고 용인한다는 것을 느끼면, 나 자신이 상처 입기 쉬운 존재라는 느낌도 줄어든다. 이런 의미에서 개인적으

로 나오는 거리감이 있는 삶이나 표현 형태도 마음의 안정을
준다. 그런 것들을 접해도 전혀 짜증이 나지 않는다. 불안해
지지도 않는다. 오히려 그 반대다. 다양한 의식이나 축제, 관
행이나 습관은 나를 행복하게 한다. 사람들이 악대행진이나
바이로이트의 '바그너 축제공연'을 즐기든, FC 우니온 베를
린FC Union Berlin의 경기나 크로이츠베르크Kreuzberg의 쥐트블
록Südblock에서 열리는 '팬지 프레젠츠Pansy presents'• 공연을
즐기든, 원죄 없는 잉태나 홍해의 갈라짐을 믿든, 키파를 쓰
든 가죽바지를 입든 반대 성별의 옷을 입든, 실제로 행해지고
존중받는 다른 사람들의 다양한 모습은 그들의 개인성뿐 아
니라 나 자신의 개인성까지 지켜준다. 그러므로 순수하지 않
은 것을 옹호하는 일은 흔히 주장하는 것과는 달리 단지 세
속적 사회의 다원적 구조를 주장하는 '이성적'이고 합리적인
교리인 것만은 아니다. 내가 보기에는 오히려 감정적 장점들
을 강조하는 것이 훨씬 더 핵심적이다. 그 장점이란 문화적,
종교적, 성적 다양성은 그 자체로 소속감이나 정서적 안정감
을 앗아가는 것이 아니라 오히려 반대로 그런 감정을 갖게

• 미국 출신 아티스트 파커 틸그먼(Parker Tilghman)이 베를린에 자리를 잡고 '팬지'라는
  예명으로 여는 드랙퀸(Drag qeen) 공연. 크로이츠베르크는 펑크족, 보헤미안, 성소수자,
  반문화 추종자들이 모여 독특한 예술과 반문화를 느낄 수 있는 베를린의 한 지역이다.

해준다는 것이다. 개방적이고 자유로운 사회가 지니는 사회적 결속력은 폐쇄적인 단일문화 사회가 갖는 결속력에 비해 결코 약하지 않다. 정서적 결속력이란 나의 개인적 특성들이 다수의 특성에 속하지 않을 때도, 구식이거나 신식이거나 기묘하거나 상스럽더라도 옹호되고 보호받는 사회에 살고 있을 때 생겨난다. 개방적이고 포용적인 사회라고 명시적으로 자기규정하는 사회, 그리고 실제로 충분히 그러한 사회인지 끊임없이 자기비판적으로 자문하는 사회는 개인을 자의적으로 배제하거나 공격하지 않을 거라는 신뢰를 심어준다.

실제로 복수로 존재한다는 것은 모든 사람이 각자의 개인성과 독특함을 서로 존중한다는 것을 의미한다. 나는 다른 모든 사람과 똑같이 살아갈 필요도, 똑같은 믿음을 가질 필요도 없다. 다른 사람들의 행동방식과 신념을 공유하지 않아도 괜찮다. 그들이 나에게 동조하거나 나를 이해해야만 하는 것도 아니다. 실제로 개방적이고 자유로운 사회가 지닌 크나큰 자유도 바로 서로 좋아할 필요는 없어도 서로를 허용할 수 있다는 점에서 생긴다. 어떤 사람들에게는 불합리하거나 이해할 수 없다고 여겨질 수 있는 종교적 관념들도 명백히 그렇게 허용되어야 한다. 어떤 종교적 삶의 방식은 개방적 사회에서는 아마도 다수가 일탈적이라고 여기거나 전통적이지 않거

나 무신론적이라고 여길 만한 것도 있지만 그것을 선택하는
것 역시 명백히 주관적 자유에 속한다. 한 국가가 세속적 국
가라는 것은 결코 모든 시민에게 무신론자가 되라고 명령한
다는 의미가 아니다. 결정적인 것은 이런 것이다. 한 사회가
스스로 본질주의적이고 동질적이고 '순수하다고' 인식하는
경향이 약할수록, 구성원들이 동질적으로 뭉쳐야 한다는 압
박도 적다는 것이다.

지금은 어쩐지 다들 그 사실을 잊은 것 같다. 포용적이고
열린 사회라는 말은 갈수록 점점 더 공허하게 들리거나 주변
으로 힘없이 밀려났다. 우리는 **복수로 존재한다**는 것이 무엇
을 의미할 수 있고 또 의미해야 하는지 다시금 또박또박 천
명해야 한다. 공존이 의미를 갖기를 원한다면 우리는 그 복수
성을 표현할 언어와 행동과 이미지를 찾아내야만 한다. 이때
그 의미는 돼지고기를 먹는 이들뿐 아니라 모든 이들을 위한
것, 이미 늘 가시적이고 환영받는 이들뿐 아니라 그들의 경험
이나 관점은 주로 침묵에 붙여졌던 다른 이들을 위한 의미여
야 한다.

그렇게 다원적인 사회에서도 갈등이 일어날까? 물론 그렇
다. 각양각색의 문화적 종교적 감수성들이 존재하게 될까?

당연히 그렇다. 하지만 종교적 요구들, 그리고 세속적이고 다원적인 사회가 그 신자들에게 요구하는 타협들 사이에 일어나는 갈등에 보편적인 형식 같은 것은 없다. 그러므로 각각의 개별적 실천을 둘러싼 각각의 개별적 갈등은 구체적으로 살펴보고 평가해야 한다. 이런 제의, 이런 실천은 어떤 이유에서 그 종교에게 의미가 있는가? 그것으로 인해 누군가의 권리가 침해되거나 부인되는가? 한 개인에게 어떤 폭력이 가해지지는 않는가? 그런 관행을 금지한다면 어떤 권리로 그럴 수 있을까? 세속적 사회에서 종교적 관습들을 공공연하게 주장할 수 있는 근거는 무엇이며, 그런 관습을 제한하거나 금지할 때 그 근거는 무엇인지를 따지는 것은 정치적으로도 법적으로도 대단히 까다로운 논쟁이다. 종교적 자유의 한계는 어디인지, 세속주의는 민주주의에 대해 어떤 관계인지 묻는 질문에는 더욱 치열한 공적 논쟁이 필요하다. 물론 그런 논쟁은 힘든 과정이며, (예컨대 미성년자를 강제로 결혼시키는 일처럼) 헌법에 어긋나는 특정한 관습이나 제의를 법적으로 금지하게 되는 결과로 이어질 수 있다. 그러나 이러한 협상의 과정이야말로 민주주의 문화의 핵심이라 할 수 있다. 그것은 민주주의를 위협하는 것이 아니라, 민주주의가 경험에 대해 열려 있으며 신중하게 배워나가는 과정임을 재확인해준다. 이

는 모든 신자 각자가 자신의 신앙에 대한 의무감뿐 아니라,
세속적이고 다원적인 사회에 대해서도 의무감을 느낀다는
것이 전제된다. 또한 어떤 믿음이든 어떤 확신이든 상관없이,
모든 이에게 보편적으로 적용되지 않는 특정한 가치들과 만
인에게 적용되는 법적 규범들을 구별할 줄 안다는 것 역시
전제한다. 또한 세속적 사회는 실제로 얼마나 세속적인지 스
스로도 시험해야 한다. 더불어 법률과 같은 여러 제도가 특정
종교나 신자들에 대해 더 큰 특권을 부여하고 있지 않은지도
점검해야 한다. 이러한 실제적이고도 법철학적인 갈등을 해
결하고 그 적용에 관해 타협하기 위해서는 민주주의의 절차
에 대한 어느 정도의 신뢰만 있으면 충분하다. 민주사회는 역
동적이고 언제나 새로이 배워나갈 수 있는 질서의 체제로서,
개인과 집단 모두 개인적 착오나 집단적 착오를 시인하고, 역
사적 과오를 바로잡고, 서로 용서하는 일에 기꺼이 나설 자세
를 갖추고 있을 것을 전제한다. 민주주의란 단순히 다수의 독
재가 아니라, 결정하고 선출하는 절차 그리고 함께 토론하고
검토할 절차를 마련하는 것이다. 민주주의 질서에서는 충분
히 정의롭지 않은 것이나 충분히 포용적이지 않은 것은 언제
나 재조정해야 하고 또 할 수 있다. 그러기 위해서는 실수에
대해 서로 무시하는 것이 아니라 서로 궁금해하는 호기심을

특징으로 하는 문화, 공적인 토론의 문화가 필요하다. 자신의 사고와 행동에서 착오를 인지하는 것은 정치 행위자뿐 아니라 미디어와 시민사회의 행위자에게도 가장 기본적인 자질이다. 그들이 한 번이라도 서로를 용서한다면 그것은 활발하게 살아 움직이는 민주주의의 도덕적 결에 보탬이 된다. 그러나 유감스럽게도 사회적 네트워크에서 일어나는 커뮤니케이션의 구조적 조건 및 사회적 습관들은 실수를 인정하거나 서로 용서하는 일이 가능한 토론문화가 꽃피는 것을 갈수록 더 방해하고 있다.

언젠가 시인 잉게보르크 바흐만Ingeborg Bachmann은 프랑크푸르트대학 시학 강의에서 이런 말을 했다. "처음에는 아직 나아갈 방향을 마련해두지 않은 사고, 인식을 원하며, 언어와 더불어 그리고 언어를 통해 뭔가에 도달하고자 하는 사고. 그것을 잠정적으로 현실이라고 부르자."[6] 이 말은 늘 방향이 주어져 있거나 알려져 있지는 않고, 오히려 개방적이고 자기비판적으로 사고하고 논쟁할 수 있고 또 그래야만 하는 민주적 공론장과 문화에도 그대로 적용할 수 있다. 공적 논쟁이 양극화되고 과격해질수록 아직 방향을 찾지 못한 사고가 인식의 모색에 과감히 나서기는 더욱 어려워진다. 그러나 그럴수록 바로 그런 인식을 추구해야 한다. 바로 그렇게 사실을 추구하고, 아직 이데올로기적 적의의 필터를 거치지 않은 현실을 묘사하려고 노력해야 한다. 그 일에는 누구나 참여할 수 있고 참여해도 된다. 민주주의에 대한 특수한 전문지식은 없다. 철학자 마르틴 자르는 이렇게 말한다. "왜냐하면 정치적 자유와 자유를 향한 민주적 갈망은 누구나, 특히 그것이 허용되지 않은 사람까지도 누구나 다 아는 것이기 때문이다."[7]

*

출신국가가 서로 다른 수많은 사람들의 다양한 역사적, 정치적 경험과 기억을 하나로 통합하는 것은 물론 아주 어려운 일이다. 무시할 수 없는 잠재적 갈등의 원인이기도 할 것이다. 예컨대 경고의 목적으로 나치의 범죄를 상기하는 일 같은 특정한 도덕적, 정치적 상수들을 재평가하고 설명하는 것이 결정적으로 중요한 일이 될 것이다. 그런 일은 자기 가족사가 홀로코스트와 직접 연관되지 않은 사람들에게도 똑같이 해당될 수 있고 또 해당되어야 한다. 이주자들 역시 이 나라의 이런 역사적 배경과 역사의 끔찍한 측면에 대해 숙고해보아야 한다. 다시 말해서 그런 기념은 단순히 공식적으로 시행하기만 할 것이 아니라, 그 일이 왜 모든 이와 관련해 의미를 지닐 수 있고 또한 지녀야만 하는지 그 이유도 설명해야 한다는 것이다. 개인적으로나 가족단위로나 그 일에 죄의식이나 치욕으로 얽혀있지는 않더라도, 그 역사를 그들 자신의 역사로서 파악하고 그에 대해 나름의 정치적, 도덕적 태도를 취할 수 있는 가능성을 부여해야 한다. 그들이 이 나라에 살고 있고 이 나라의 시민이기 때문에 이 역사는 그들의 역사이기도 하다. 홀로코스트에 대한 숙고에서 자신을 제외시킨다는 것은 암묵적으로 이 나라의 정치적 서사와 자기인식에서도 자신을 제외시킨다는 것을 의미한다.

"역사에 대한 관심과 기억 중에서 어떤 소망도 거치지 않은 것, 즉 미래를 지향하는 뭔가를 통하지 않고서 일어나는 것은 없다." 프랑스의 예술사학자이자 철학자 조르주 디디위베르만Georges Didi-Huberman은 잡지 《레트르Lettre》와 나눈 대화에서 이렇게 말했다.[8] 과거와 미래를 동시에 지향하는 이러한 기억의 이중적 방향은 꼭 알아둘 필요가 있다. 역사의 끔찍한 유산으로부터 미래지향적인 과제를 이끌어내는 기억만이 의미와 활기를 유지할 수 있다. 포용적인 사회, 어떤 개인이나 집단 전체를 '이방의' 존재 또는 '순수하지 않은' 존재로 구분해 배제하는 것을 허용하지 않는 사회를 만들겠다는 희망을 늘 다시금 천명하는 기억의 문화만이 그 생명력을 이어갈 수 있다. 또한 늘 주도면밀하게 현재 작동하는 배제와 폭력의 기제들을 감시하는 기억행위만이 언젠가 그 기억이 의미를 상실하게 되는 상황을 막을 수 있다.

하지만 우리가 기억하는 역사적 경험과 그에 대해 사회적, 정치적 의무를 지고 있는 현재가 점점 더 서로를 멀리 밀어 낸다면? 직접 경험한 기억을 갖고 있는 목격자들과, 그들로 부터 이야기를 전해들을 수 있는 후손들이나 그 일에서 아무 해도 입지 않은 사람들 사이가 계속해서 멀어지기만 한다면? 연령대뿐 아니라 각자 자신에게 친숙한 것, 자신의 일로서 체험하고 이해하는 것과 관련해서도 차이가 벌어지기만 한다면 어떻게 할까? 어떻게 하면 나치의 범죄에 대한 기억을 고정되고 정체된 것으로 의미를 축소하지 않으면서 미래에까지 생생하게 유지할 수 있을까? 이런 질문들은 누구보다 유대인에게 가장 괴롭게 다가가겠지만, 이 사회에 속한 모든 이들도 어떤 식으로든 관련되어 있다. 이런 질문들은 시리아 난민들이 이민사회의 도덕적 문법에 대해 자각적으로 고찰하기 시작한 후에야 대두된 것은 아니다. 우익대중주의 운동의 보복주의적 구호들, 그리고 공적인 영역에서 유대인에 대한 실제적인 공격들 때문에도 이미 제기되어온 질문들이다. 기억의 문화 없이 성장한 이들 또는 그것을 단지 명령된 것으로만 느끼는 이들에게 어떻게 하면 기억의 문화를 전할 수 있을지 고민하기 위해서, 시리아인이나 작센에 대해 덮어놓고 전반적인 반유대주의의 혐의를 걸 필요는 없다.

물론 시리아 난민들이 유입되면서 이스라엘 국가에 대한 다른 경험들과 다른 시각들도 함께 이곳으로 유입되고 있다. 그들은 홀로코스트의 역사가 무엇을 의미하는지, 그것이 어떤 고통과 외상을 남겼는지에 대해 독일 사람들이 짐작하는 것보다 훨씬 더 무지하다. 그런 점이 마찰을 야기할 수도 있다. 그리고 이곳에서 어떤 범죄적인 일들이 자행되었는지, 그 일이 어떻게 후손들에게까지 유산이자 과제로서 남게 되었는지 설명해주어야 할 일도 생길 것이다. 아우슈비츠를 기억하는 일에 반감기는 없기 때문이다. 그렇기 때문에 호기심을 갖고 감정을 이입하면서 그 역사를 흡수할 수 있도록 현대적인 교육방법을 동원하는 일도 필요할 것이다. 박물관과 문화시설이 마련한 여러 훌륭한 프로그램들은 어린 세대에게도 나치의 역사를 창의적이고도 진지하게 분석하도록 영감을 주는 일이 충분히 가능하다는 것을 오랫동안 증명해왔다. 다른 문화적 역사적 기준점들을 지닌 사람들이 이 나라의 역사를 바라보는 관점을 형성할 수 있도록 하려면 이런 일들을 지금까지보다 더욱 적극적으로 추진해야 할 것이다.

그러려면 과거의 극심한 죄과를 항상 의식해야할 뿐만 아니라, 현재 난민들이 어떤 피해를 호소하고 있으며 그들의 이야기에 어떤 기억이 깃들어 있는지에 대해서도 주의 깊게 귀 기울여야 한다. 아무도 다른 사람의 말에 귀 기울이지 않는다면 그 일은 성공하지 못할 것이다. 또한 난민들이 자신들의 기억과 두려움에 관해 말할 수 없어도 그 일은 성공하지 못할 것이다. 귀 기울인다는 것이 들려오는 모든 이야기에 동의하는 것을 의미하지는 않는다. 단지 다른 사람들이 어디에서 왔고 어떤 시선의 각도에서 다른 관점이 생겨났는지 이해하려고 노력한다는 것을 의미할 뿐이다. 그렇게 시간적으로도 열려 있고 그 속에 다양한 목소리가 공존하는 이야기가 성공적으로 완성될 것인지, 그렇다면 그것은 어떤 식의 성공일 것인지가 하나의 사회로서 우리가 어떤 존재가 되기를 원하는지도 드러내 보여줄 것이다. 또한 하나의 사회로서 우리가 어떤 존재가 되기 원하는지는, 그렇게 개방적이고 다성적인 모든 이야기들을 인권에 관한 상수와 세속성에 관한 상수로 만드는 데 성공하는지 여부로도 판단할 수 있다.[9]

이 과제는 물론 새로운 것이 아니다. 역사적 과오의 경험을 반성하고, 어딘가에서 전쟁이나 폭력으로 극단적인 공권

박탈과 학대를 겪은 이들의 고통과 그들의 관점에 대해 고찰하는 일은 이민사회에서 언제나 거듭 일어난다. 구 유고슬라비아Yugoslavia 연방에서 온 다양한 사람들과 집단들의 경험과 관점도 오래전부터 독일의 기억의 일부가 되었고, 터키Turkey와 쿠르드Kurd 지역, 아르메니아Armenia와 그 밖의 여러 지역에서 온 사람들과 집단들의 경험과 관점도 독일의 기억에 속하게 된 지 오래되었다. 또한 아프리카계 독일인들의 식민지 독립 이후의 경험들과 관점들도 오래전부터 독일의 기억에 속해 있다. 복수로 존재한다는 것은 이런 다양한 기억들과 경험들도 인정하고 그것들을 명백히 표현하고 공적으로 토론할 수 있는 문화를 유지하는 것도 의미한다. 복수로 존재한다는 것은, 이주한 지 수십 년이 지나 망설이며 겨우 '이민사회'의 존재를 선언하는 것만을 의미하지는 않는다. 거기에는 이민사회로서 **존재한다**는 것이 실제로 무엇을 의미하는지 몸소 이해하려고 노력하는 일도 포함된다. 이주자들과 그들의 자녀들, 손주들이 공적인 담론의 대상이기만 했던 시대는 마침내 지났다. 이제 이곳으로 온 이주자들과 난민들도 공적 담론의 주체임을 이해할 때가 되었다. 그러려면 관점을 다양화해야 하고, 문화적 관습과 신념을 후세에 전하는 인식의 틀과 표준적 지식의 틀도 비판적으로 점검해야 한다. 복수로 존재한다는 말은 또한, 단지 다른 곳에서 왔다는 이유만으로 더 가치가 낮은 것으로 여겨지는 지식도 이제는 진지하게 받아들인다는 의미이기도 하다. 지금까지 학교교육에서는 이러한 지식과 관점이 과소대표되었다. 교육기관들은 유럽뿐 아니라 유럽 이외의 문학과 예술사와 문화사를 놀라울 정도로 소홀히 하고 있다.[10] 이렇게 협소한 학교의 표준은 세계화한 현실의 요구에도, 이민사회의 삶의 현실에도 충분히 부합하지 못한다. 물론 이런 제한된 시각을 벗어난 개별적인 사례들은 있다. 예컨대 직접 다른 소재와 다른 작가를 찾아서 다루는 학교나 교사가 있지만 충분하지는 않다. 뷔히너Georg Büchner와 빌란트Christoph Martin Wieland*를 교과과정에서 빼야 한다는 것이 아니라, 오르한 파묵Orhan Pamuk이나 다니 라페리에르Dany Laferrière**, 테레지아 모라Terézia Mora나 슬라벤카 드라쿨리치Slavenka Drakulić***도 읽어야 한다는 것이다. 이주자의 자녀들은 이런 텍스트에서 자기 부모와 조부모가 경험했던 일들을

---

* 뷔히너는 19세기 초 독일의 극작가이고, 빌란트는 18~19세기 독일의 시인이자 소설가다.
** 파묵은 터키의 소설가로 2006년 노벨상을 수상했다. 오스만투르크제국의 아르메니아인과 쿠르드족 학살 사건을 비판해 터키 검찰로부터 기소되기도 했다. 라페리에르는 아이티 출신의 망명 소설가다.
*** 모라는 헝가리 출신의 독일 소설가이고, 드라쿨리치는 크로아티아의 소설가이자 저널리스트다.

발견하고 그런 경험의 가치가 제대로 평가된 것을 볼 수 있겠지만, 그렇다고 그 텍스트들이 이주자의 자녀에게만 필요한 것은 아니다. 물론 그 아이들에게도 아주 중요한 텍스트들이지만, 그것은 다른 아이들에게도 중요한 의미를 지닌다. 명백하고 잘 알려진 것을 넘어 새로운 세계를 상상하고 발견하는 법을 배울 수 있기 때문이다. 또한 그것은 관점을 바꿔보는 연습, 감정을 이입하는 연습이기도 하다.

관점의 다양화는 경찰, 민원청, 사법기관 같은 국가기관과 관청에서도 더욱더 추진해야 한다. 이미 부분적으로는 다양성을 더욱 북돋우기 위한 노력들이 눈에 띈다. 그것은 좋은 일이다. 공공기관과 기업에서 눈에 띄는 다양성은 단순히 정책적인 장식이 아니라 젊은이들에게 장차 자신들이 펼칠 수 있는 가능성과 관련해 완전히 다른 상상의 여지를 열어준다. 가시적인 다양성은 다른 방향들을 잡아줄 수 있는 모범과 역할모델도 다양하게 만든다. 관청과 국가기관은 한 사회의 자기인식을 보여주는 곳이다. 그곳들을 보면 누가 국가를 대표할 수 있고 대표해도 되는지, 그리고 누가 아무 제한 없이 그 사회에 속하는지를 알 수 있다. 관청에서 함께 일하는 사람들이 더욱 다양할수록 존중과 평등에 대한 민주주의의 약속에도 더욱 큰 신뢰를 느낄 수 있다.

*

    프랑스의 철학자 미셸 푸코Paul Michel Foucault는 1983년의 강연 『자아와 타인에 대한 통치Le gouvernement de soi et des autres』에서 고대 그리스의 **파르헤지아**parrhesia라는 개념을 빌려와 '진실 말하기Wahrsprechen'의 이념을 전개했다.[11] 원래 **파르헤지아**는 말하기의 자유를 뜻한다. 그러나 푸코에게서는 힘을 지닌 자들의 의견이나 입장을 비판하는 진실을 말하는 것을 의미한다. 이때 푸코에게는 이야기된 내용과 누군가가 진실을 말한다는 사실도 중요하지만, 그 내용을 **어떻게** 말하는가 하는 방식도 **파르헤지아**의 특징으로서 아주 중요하다. 푸코의 진실 말하기에는 여러 단서가 달린다. **파르헤지아는** 단순히 진실을 진실이라고 **지명하는** 것으로 충분한 것이 아니라 실제로 그렇게 **생각할** 것을 요구한다. 뭔가가 진실하다고 말할 뿐만 아니라, 그것이 진실하다고 **믿기도** 해야 하는 것이다. 조종하거나 기만할 의도로 말하는 것은 **파르헤지아**일 수 없다. 진술로서 사실이어야 할 뿐 아니라, 언제나 진실하기도 해야 한다. 이리하여 파르헤지아는 오늘날 민족주의 운동과 우익대중주의 정당이 종종 내뱉는 진실하지 않은 신념의 토로들과 구별된다. 이를테면 자신들은 무슬림에 대해 반대하는 것은 **아니지만**……, 난민숙소의 권리를 침해할 생각은 **없지만**……, 증오와 폭력을 거부하기는 **하지만**, 그래도 말은 할 수 있어야 한다는 식의 말들 말이다. 그런 말들은 진실 말하기와는 아무 관련이 없다.

또한 진실 말하기를 위해서는 권력의 특정한 배치도 요구된다. 파르헤지스트, 즉 진실을 말하는 사람은 "당당히 나서서 폭군에게 진실을 말하는" 사람이라고 푸코는 말했다. 그러므로 진실 말하기는 언제나 말할 수 있는 권리 혹은 지위를 갖지 못한 사람의 말하기와 관련되며, 따라서 그것은 말하는 이에게 모종의 **위험을 초래하는** 말하기다. 지금 우리에게는 전형적인 폭군은 없지만, 그래도 진실 말하기는 필요하다. 앞서 에릭 가너가 말한 "오늘부로 이런 일은 끝나야 돼"라는 문장은 오늘날 우리가 어떻게 진실을 말해야 하는지를 보여주는 한 예이다. 자기 자신을 위해, 또는 말할 수 있는 권리나 지위를 박탈당한 다른 이들을 위해 나서서 말할 용기가 필요하다. 오늘날 공공의 영역에서 필요한 **파르헤지아**는 말해진 것과 말해지지 않은 것으로 이루어진 막강한 장치들에 대해, 이주자를 경시하고 죄인 취급하는 혐오와 증오의 틀에 대해, 흑인은 마치 피와 살로 된 인간이 아니라는 듯 간과하게 하는 시선의 체제에 대해, 무슬림에 대한 영원한 의심에 대해, 여성에게 불리하게 작용하는 역학관계와 관행에 대해, 동성애자와 양성애자, 트랜스인에게서 다른 사람들과 똑같이 결혼하고 가족을 꾸릴 가능성을 빼앗는 법률에 대해 반대하며, 유대인을 또다시 고립시키고 낙인찍는 모든 배제와 멸시의 수법들에 대해 반대하며 진실을 말하는 것이다. 또한 현재의 진실 말하기는 종교나 문화적 신념 때문에 배제되는 것이 아니라 단지 가난하거나 무직자라는 이유만으로 사회적으로 곤란한 상황에서 살아가야 하는 사람들을 보이지 않는 존재로 만들어버리는 인식틀과 시선의 체제에 대해서도 반대한다. 대규모 실직이 구조적 상수임은 누구나 안다. 하지만 이 사회는 여전히 노동에 의해 정의되고 그런 사회가 그들을 멸시받는 처지로 내몬다. 또한 그들을 위해, 그리고 그들을 가시적 존재로 만들기 위해서도 사회계급이라는 개념 자체를 금기시하는 일에 반대하는 진실 말하기가 필요하다. 특정한 사람들만 정치적이거나 사회적인 '잉여'로 낙인찍히는 것이 아니다. 사회계급이라는 범주 자체도 마치 더 이상 그런 것은 존재하지 않는 것처럼 무시된다. 한편에서는 많은 이들이 타자로 단정되고 배제되지만, 다른 한편에서는 가난한 이들과 실직자들이 아예 존재하지 않는 집단인 것 같은 취급을 받는다. 이렇게 사회의 구조적 불평등을 부인하면 곤란하고 빈한한 상황에서 살고 있는 사람들은 자신의 개인적인 잘못 때문에 그런 상황에 처하게 된 것이라고 여기게 된다.

이스라엘의 사회학자 에바 일루즈Eva Illouz는 진실 말하기가 반드시 어느 한 방향이나 어느 한 부류의 수신자만을 향하는 것은 아니라고 지적했다. 역사적 상황에 따라 때로는 여러 다양한 권력구조에 동시에 저항해야 하는 과제가 생기기도 한다.[12] 다시 말해서 진실 말하기란 국가와 국가의 배제적 담론이나 막강한 운동과 정당에 대해서만 반대하는 것이 아니다. 어쩌면 자신이 속한 사회적 환경들, 이를테면 가족과 친구, 종교공동체, 자신이 활동하는 정치적 맥락에 대해서도 반대해야 할 수도 있고, 그 과정에서 배제의 암호체계와 자기중심적 원한에 대해 용기 있게 반박해야 할지도 모른다. 그러려면 실제로든 상상으로든 피해자의 입장이 되어보고, 주변화된 공동체에서 한 역할을 맡아보는 것뿐 아니라, 자신이 속한 집단 내에서 자신도 개인적으로든 집단적으로든 배제하고 낙인찍는 독단론과 관행을 공고히 하는 데 일조하고 있지 않은지, 또한 거기서도 혐오와 증오와 멸시를 표출할 수 있는 인식의 틀이 형성되고 있지는 않은지 늘 주의해야 한다. 일루즈의 말은 결국 보편주의적인 이의제기가 필요하다는 것이다.

파르헤지아에 대한 푸코의 서술을 보면 증오와 광신주의에 대해 어떻게 저항을 표현해야 하는지 힌트를 얻을 수 있다. 즉 주체성을 박탈당한 이들, 피부와 신체와 수치심을 존중받지 못하는 이들, 동등한 인간으로 대접받지 못하고 '비사회적' 인간으로, '비생산적' 삶 또는 '무가치한' 삶으로, '변태'나 '범죄자'나 '병자'로, 인종적 혹은 종교적으로 '비순수'하거나 '비본연적'이라고 범주화되고 그럼으로써 사람 취급을 받지 못하는 이들, 이 모두를 **보편적 우리**에 속하는 개인들로 다시 일으켜 세워야 하는 것이다.

그러려면 다음과 같은 것들이 전제된다. 우선 수 년, 수십 년 동안 언어와 이미지의 왜곡과 낙인찍기에 동원되어온 모든 관념의 연결과 연상의 고리를 끊는 것이다. 그리고 개인을 집단에, 집단을 속성들과 비하적 비난에 연결하는 모든 인식의 틀을 전복하는 것이다. 알브레히트 코쇼르케Albrecht Koschorke는 『진실과 창작Wahrheit und Erfindung』에서 "사회적 갈등의 안무는 서사의 역선力線을 따라 짜이며" 그런 의미에서 그 안무는 그 자체를 이룬 언어와 행위로써 좌절시켜야 한다고 썼다.[13] 이 책의 서두에서도 말했듯이 혐오와 증오의 틀은 현실을 유난히 협소하게 묘사하는 이야기들을 통해 형성된다. 그래서 개별적인 개인이나 집단은 그들을 깎아내리는 특징들과만 연결되게 하는 것이다. 이를테면 그들은 '낯설고' '다르며' '음흉하고' '동물적이며' '도덕적으로 부패했고' '속을 알 수 없고' '충성심 없고' '문란하며' '정직하지 않고' '공격적이고' '병적이며' '변태적이고' '성에 과도하게 치중하며' '냉혹하고' '믿음이 없고' '신심이 없으며' '염치가 없고' '나쁜 것을 퍼뜨리고' '퇴폐적이며' '불친절하고' '애국심이 없으며' '남자답지 않고' '여자답지 않으며' '국가를 무너뜨릴' 존재이며 '테러를 저지를 것으로 의심되며' '범죄자이며' '인색하고' '불결하며' '칠칠치 못하고' '나약하며' '의지력이 없고' '고집 세고' '사람을 잘 꾀고' '잘 조종하며' '돈 욕심이 많은' 이들로 그려진다.

혐오적 연상의 사슬들은 이런 방식으로 끝없이 반복되며 이른바 확신으로 굳어진다. 그런 연상은 미디어가 보여주는 표현들 속에도 담겨 있고 소설과 영화 같은 픽션의 형식들과 인터넷에서도 공고화될 뿐 아니라 학교 같은 기관들에서도, 예컨대 교사들이 누가 김나지움Gymnasium*에 갈 수 있고 누가 갈 수 없는지를 놓고 추천장을 써줄 때도 작동한다. 아주 직

---

* 독일의 인문계 중등교육기관.

관적이거나 아니면 전혀 직관적이지 않은 신원확인과 같은 관행들을 통해서도 공고화되며, 특정한 조건의 지원자들은 좀처럼 환영받지 못하는 직책 선발공고에서도 구체적으로 작용한다.

부족한 상상력은 정의와 해방의 막강한 적대자다. 이때 필요한 것이 바로 상상력의 여지를 다시 넓혀주는 진실 말하기다. 사회적, 정치적 참여의 가능성과 민주적 활동의 가능성도 사람을 사람으로서 대하고 인정하는 담론과 이미지에서 시작된다. 순수와 단순을 신봉하는 광신주의적 독단에 맞서기 위한 세밀한 구별도 바로 거기서 시작된다. 음모이론에서 나온 공상들, 집단적 속성규정, 이데올로기적 원한의 투박한 일반화를 다시금 엄밀한 관찰대 위에 올려야 하는 것이다. 헤르타 뮐러는 "정확히 관찰한다는 것은 낱낱이 해부한다는 것이다" 라고 말했다. 그러므로 현실을 협소하게 파악하는 인식의 틀은 해부하고 해체해야 한다. 개인들을 단지 한 집단을 대표하는 표본으로만 보는 잘못된 일반화도 해부해 분석하고, 그럼으로써 다시 개별적인 사람들과 그들의 행동들이 낱낱이 인식되도록 해야 한다. 그리고 누구는 배제하고 누구는 포함시키는 암호와 신호도 전복하고 바꾸어야 한다.

재의미화의 실천, 다시 말해서 낙인찍는 개념과 관행을 다시 소화하고 재해석하는 일에는 오랜 전통이 있으며, 증오와 멸시에 반대하는 시적 기법 역시 분명히 이 전통에 속한다고 볼 수 있다. 미국 흑인들의 민권운동뿐 아니라 게이, 레즈비언, 양성애자, 트랜스인, 퀴어인 들의 해방운동에도 그러한 반어적이고 수행적인 재의미화의 예가 가득하다. 그러한 진실 말하기의 창의적이고 명랑한 한 형식으로 '증오 시 슬램 Hate Poetry Slam'을 꼽을 수 있다.[14] 그밖에도 강력한 비하성 형용사들과 낙인찍기를 저지할 수 있는 다른 수단들도 있다. 소셜미디어에서도 한정된 범위 안에서 혐오와 증오가 반복되며 자체 증폭되는 현상에 강력하게 대처할 수 있는 구체적인 조치를 취할 수 있다. 사회적 예술적 개입, 공적인 토론과 논쟁, 교양과 교육에 관한 정치적 조치들뿐 아니라 법률과 법령들까지 모든 수단이 필요하다.

*

푸코는 **파르헤지아**, 즉 진실 말하기의 또 다른 측면도 지적했다. 요컨대 진실 말하기는 강력하고 독재적인 상대에 대해서 반대하기만 (그리고 "그의 머리를 향해 진실을 집어던지기만") 하는 것이 아니라, 진실을 말하는 사람 자신에게 하는 말이기도 하다는 것이다. 나는 특히 이 점이 마음에 든다. 그것은 마치 스스로에게 진실을 속삭이는 것 같고, 혼잣말을 하는 것 같고, 자기 자신과 동맹을 맺는 것과 같다. 막강한 부당함에 맞서 진실을 말한다는 것은 언제나 진실을 말하는 사람이 자기 자신과 굳은 동맹을 맺는 것을 의미한다. 사회적, 정치적 진실을 말할 때 나는 언제나 그 행위를 통해서 진실과 동맹관계가 된 느낌을 받는다. 푸코는 진실 말하기라는 용기 있는 행위가 의무일 뿐만 아니라, 진실을 말할 때 드러나고 완성되는 **자유**와도 연결된다는 점을 강조한다. 자유를 행사하는 행위로서 부당함에 맞서 진실을 말한다는 것은 하나의 선물이다. 왜냐하면 그것은 진실을 말하는 사람이 자기 자신과 특수한 관계를 맺게 해주고, 그 속에서 그는 권력의 소외시키는 작용 방식과 배제와 낙인찍기의 기제에 대해 이의를 제기할 수 있기 때문이다. 그러므로 진실 말하기는 결코 한 번으로 끝나는 개별적인 행위가 아니며, 그 동맹은 진실을 말하는 주체에 대해 지속적인 효력을 발휘하며 의무를 지운다.

난민들의 인도주의적 위기에 도움을 주기 위해 참여한 수많은 사람들도 아마 그 점을 잘 알고 있을 것이다. 얼핏 보면 이러한 시민사회의 참여를 권력에 맞선 진실 말하기의 한 형태로 보는 것이 뜻밖의 해석으로 여겨질 수도 있다. 그러나 남녀노소 수많은 시민들, 난민들을 자기 집에 받아준 그 모든 가족들, 비상근무를 해준 모든 경찰관들과 소방관들, 난민들을 위한 임시학급에 참여한 교사들과 교육자들, 시간이나 식료품이나 주거공간을 내어준 모든 사람들이 보여준 기꺼이 도우려는 자세는 사회적 기대치와 관료적 규칙을 모두 뛰어넘었다. 그들은 난민들을 돌보는 과제를 국가나 지역에만 맡겨두지 않았다. 오히려 각자 다른 의견을 가졌지만 넓은 아량으로 이질적인 여러 부류가 하나로 모인 사회운동에 참여함으로써 군데군데 존재하는 정치적 공백을 메웠다. 그것은 언제나 결코 단순한 일이 아니다. 거기에는 돈과 시간이 들고 기력과 용기도 필요하다. 난민과 만나는 일에는 행복하고 풍요로운 마음이 들게 하는 뭔가를 발견하게 될 가능성도 있지만, 이해할 수 없거나 거슬리거나 혼란스럽게 하는 뭔가를 발견하게 될 가능성도 상존하기 때문이다.

나는 이런 참여가 진실 말하기의 한 형태라고 여긴다. 점점 커지는 거리 시위의 압력과, 때로는 막대한 적대와 위협에 직면하고서도 하는 일이기 때문이다. 난민숙소에는 여전히 보안요원들이 필요하다. 자원봉사자들은 여전히 욕설을 듣고 위협을 당한다. 증오에 당당히 맞서고, 그런 증오의 교란에 흔들리지 않고 인도적으로 필요하며 인간적으로 당연하게 여겨지는 일을 계속해나가려면 용기가 필요하다. 정신적으로 문제가 있거나 광신주의에 경도된 난민들이 공격행위를 하거나 무차별적 폭력을 행사하는 일이 생기면 이는 이러한 참여에 또 다른 압력이 되고 외부로부터도 추가로 반박이 들어온다. 도움과 격려가 필요한 이들, 다른 사람들이 한 행동 때문에 대신 벌을 받아서는 안 되는 사람들을 계속해서 보살피려면 엄청난 인내심과 자기확신이 필요하다.

나는 상상의 가능성을 되찾는 것도 증오에 맞서는 시민의 저항에 속하는 일이라고 본다. 지금까지 했던 모든 이야기를 고려하면 좀 의외로 여겨질 수도 있지만, **행복에 관한 이야기들** 역시 증오와 멸시에 대항하는 저항의 전략이라고 할 수 있다. 사람들을 주변화하고 권리를 박탈하는 권력의 다양한 도구와 구조를 감안하면, 행복해질 수 있고 정말로 자유롭게 살 수 있는 여러 가능성을 되찾는 것 역시 증오와 멸시에 저항할 때 또 하나의 중요한 일임을 알 수 있다. 독재에 이의를 제기한다는 것은 언제나 억압적이고 생산적인 권력의 가해에 저항한다는 것을 의미한다. 이는 또한 억압된 자, 자유롭지 않은 자, 절망한 자의 역할을 받아들이지 않겠다는 의미이기도 하다. 낙인찍히고 배제되다 보면 행위의 가능성만 제한되는 것이 아니라, 참여할 권리라든가 **행복을 상상하는 일**처럼 다른 모든 이들은 일반적이고 당연한 것으로 여기는 것조차 요구할 용기와 기력을 빼앗긴다.

그러므로 **성공한 저항적 삶과 사랑에 관해 들려주고**, 그럼으로써 그 모든 불행과 멸시의 이야기들을 넘어 **행복의 가능성**이 누구에게나 주어진 것이자 누구나 기대할 수 있는 전망임을 확인해주는 이야기들도 배제와 증오에 맞서는 저항의 전략이 되는 것이다. 그런 행복의 가능성은 지배적 표준에 부합하는 이들, 피부색이 하얀 이들, 소리를 들을 수 있는 이들, 태어날 때 받은 몸이 자기에게 적합하다고 느끼는 이들, 광고판이나 법률이 지시하는 바에 상응하는 갈망을 지닌 이들, 자유롭게 활동할 수 있는 이들, '적절한' 신앙과 '적절한' 서류와 '적절한' 삶의 이력과 '적절한' 성별을 가진 이들만 가질 수 있는 것이 아니다. 그것은 모든 이의 것이다.

진실을 말한다는 것은 또한 말해진 진실과 동맹을 맺는다는 것을 의미한다. 모든 사람이 다 같은 부류는 아니더라도 다 같은 **가치**를 지니고 있다는 것을 단지 믿는 것만으로는 부족하며, 그 가치의 동등함을 명백하게 표현해야 한다. 즉, 압박과 증오에 맞서 실제로 소송을 제기함으로써 진실이 **시적인 상상에 그치지 않고 실제로 실현되도록** 해야 하는 것이다.

한나 아렌트는 『인간의 조건』에서 이렇게 말했다. "권력은 언제나 잠재태로 존재하며, 힘이나 체력처럼 변하지 않거나 측정할 수 있거나 늘 같을 거라고 믿을 수 있는 것이 아니다. (중략) 권력은 사실 그 누구도 소유하고 있는 것이 아니며, 사람들 사이에서 그들이 함께 행동할 때 생겨나고 그들이 흩어질 때 사라지는 것이다."[15] 이 말은 민주적이고 열린 사회의 '우리'에 관한 가장 적절하고 아름다운 묘사일 것이다. 여기서 우리는 언제나 하나의 잠재태로서, 변하지 않거나 측정할 수 있거나 늘 같을 거라고 믿을 수 없다. 혼자서 '우리'를 결정할 수 있는 사람은 아무도 없다. '우리'는 사람들이 함께 행동할 때 생겨나고, 사람들이 분열할 때 사라진다. 증오에 저항하는 것, '우리' 안에 한데 모여 서로 이야기를 나누고 행동하는 것, 그것이야말로 용기 있고 건설적이며 온화한 형태의 권력일 것이다.

본문의 주

머리말

1   사람들을 지칭하는 개념들 역시 배제나 낙인찍기의 효과적 수단이다. 학문이나
    정치행동 분야에서 배제의 문제를 다루는 많은 사람들에게 적절한 용어가 무엇
    인지를 놓고 언어정책에 관한 논쟁을 벌이는 것은 매우 진지한 윤리의 문제다.
    '흑/백'처럼 '자명하다'고 추정되는 범주들조차 비판받아 마땅한 인종차별적인
    속성규정과 분열을 반복하는 일일 뿐이다. 그래서 이런 문제를 더 민감하게 다루
    려는 언어 전략들도 많다. 이를테면 문제가 많은 개념들을 사용하지 않거나 다른
    것으로 대체하는 방법부터, 영어로 된 용어만을 사용하는 것, 그리고 ('백'의 첫 자
    를 소문자로 쓰고['weiß'] '흑'의 첫 자를 대문자로 써서['Schwarz'] 사회적 서열을 뒤집
    는 식의) 여러 창의적인 표기법들까지. 그러나 이런 언어정책적 방법들은 널리 퍼
    진 말하기와 글쓰기의 습관과는 무척 동떨어진 경우가 많다. 한편으로 보면 바로
    그것이 정치적 목표다. 결국 익숙한 습관들을 바꾸는 것에 의미가 있기 때문이다.
    그러나 때로는 그 과정에서 그러한 전략들을 써서 얻고자 하는 바로 그 사람들에
    대한 영향력을 상실할 수도 있다. 텍스트에서 사용되는 식의 '흑'과 '백'을 객관적
    사실이라고 결코 주장하지 못하도록 확실히 해두는 것이 중요하다. 오히려 그것
    은 특정한 역사적 문화적 맥락 안에서 규정된 속성들임을 밝혀야 한다. 누가 어떤
    권리를 갖고 어떤 맥락에서 어떤 결과를 갖고 '흑'이라고 읽혔고 또 보였는가 하
    는 이 문제에 대해서도 인상적인 논쟁들이 벌어졌다. 역사의 과오를 그대로 담고
    있는 여러 속성규정과 인종주의에 대해서는 에릭 가너 에피소드를 다루는 부분
    에서 더 상세히 논할 것이다.

2   조르조 아감벤Giorgio Agamben은 이런 사람들을 '호모 사케르homo sacer'라는 인
    간형으로 묘사했다. Giorgio Agamben, *Homo Sacer. Die souveräne Macht und
    das nackte Leben*, Frankfurt am Main, 2002. [조르조 아감벤,『호모 사케르-주
    권 권력과 벌거벗은 생명』, 박진우 옮김, 새물결, 2008.]

3   그 상황을 뒤집어서 상상하는 사고실험을 해보자. 이성애는 용인할 수 있지만,
    이성애자들은 왜 항상 이성애자로 인식되려고 할까? 그들은 사적으로 서로 사
    랑할 수 있고 아무도 그 점에 개의치 않지만, 그런데 왜 꼭 결혼까지 해야 한다는

것일까?

4   이 책에서는 증오와 폭력(아모크공격Amokanschlägen[불특정 다수에 대한 무차별적 공격]에서처럼)으로 표출될 수 있는 개개인의 병적이거나 정신병적인 측면에 대해서는 다루지 않는다. 증오를 정치와 이데올로기에 동원하는 시기에 그러한 정신적 성향이 얼마나 더 강화되거나 분출될 수 있는가 하는 문제는 따로 연구해야 할 주제다.

1. 보이는 것과 보이지 않는 것

1   악셀 호네트Axel Honneth의 다음 훌륭한 논문도 보라. Axel Honneth, "Unsichtbarkeit. Über die moralische Epistemologie von 'Anerkennung'", *Unsichtbarkeit. Stationen einer Theorie der Intersubjektivität*, Frankfurt am Main, 2003, S. 10~28.

2   Claudia Rankine, *Citizen*, Minneapolis, 2014, S. 17. 영어 원문은 다음과 같다. "*(…) and you want it to stop, you want the child pushed to the ground to be seen, to be helped to his feet, to be brushed off by the person that did not see him, has never seen him, has perhaps never seen anyone who is not a reflection of him-self.*"

3   이 이야기는 그러기를 권장하려는 것이 아니라 설명을 보충하기 위한 것으로, 사랑은 시간적으로 제한된 것이라는 셰익스피어의 관념을 보여주는 한 예일 뿐이다.

4   감정의 대상과 '형식적 대상'은 그렇게 구분된다. 다음 글을 보라. William Lyons, "Emotion", Sabine Döring (Hrsg.), *Philosophie der Gefühle*, Frankfurt am Main, 2009, S. 83~110.

5   Martha Nussbaum, *Politische Emotionen*, Berlin, 2014, S. 471.

6   장 폴 사르트르와 아이리스 마리온 영Iris Marion Young이 제시한 이러한 수동적 동일시 모형에 대해서는 다음 책에서 매우 상세히 다루었다. Carolin Emcke, *Kollektive Identitäten*, Frankfurt am Main, 2000, S. 100~138. 다양한 광신의 형태와 집단들에 대해 그 모형을 적용하는 것이 실제로 얼마나 유용한지에 대해서는 더욱 철저하고 상세한 연구가 필요하다.

7 Didier Eribon, *Rückkehr nach Reims*, Berlin, 2016, S. 139.

8 Jürgen Werner, *Tagesrationen*, Frankfurt am Main, 2014. S. 220.

9 얀 베르너 뮐러Jan-Werner Müler의 말과도 비교해보라. "포퓰리스트들이 하는 말의 핵심은 대략 이렇다. '우리가, 오직 우리만이 진정한 국민을 대표한다.'" Jan-Werner Müler, *Was ist Populismus*, Berlin, 2016. S. 26. 또한 뮐러는 그 구호에 단어 하나만 추가해 "우리**도** 국민이다(Wir sind *auch* das Volk)."라고 바꾸면 의미가 어떻게 달라질 것인가 하는 질문도 던진다.

10 그 여성은 프란츠 파농의 이 말을 떠올리게 한다. "결국 모든 이야기를 종합해보면, 흑인들이 가장 먼저 보인 반응은 그들을 멋대로 정의하려는 자들에게 '아니'라고 말하는 것이었음을 알 수 있다." Frantz Fanon, *Schwarze Haut, weiße Masken*, Wien, 2013/2015, S. 33. [*Peau noire, masques blancs*, Le Seuil, 1952. / 프란츠 파농, 『검은 피부, 하얀 가면』, 이석호 옮김, 인간사랑, 1998. 3.]

11 Aurel Kolnai, *Ekel Hochmut Hass, Zur Phänomenologie feindlicher Gefühle*, Frankfurt am Main, 2007, S. 102.

12 Elaine Scarry, "Das schwierige Bild der Anderen", Friedrich Balke, Rebekka Habermas, Patrizia Nanz, Peter Sillem (Hrsg.), *Schwierige Fremdheit*, Frankfurt am Main, 1993, S. 242.

13 내가 그나마 적합하다고 보는 유일한 용어는 엘리아스 카네티Elias Canetti가 말한 의미의 '무리Meute'다. "무리는 **더 커지는 것** 외에 바라는 것이 없는 흥분한 사람들의 집단으로 구성된다." Elias Canetti, *Masse und Macht*, Frankfurt am Main, 1980/2014, S. 109. [엘리아스 카네티, 『군중과 권력』, 강두식, 박병덕 옮김, 바다출판사, 2010.]

14 https://www.facebook.com/DLwehrtsich/?fref=nf

15 이 책을 집필하던 당시에는 아직 그 사이트에 사진과 동영상, 논평들이 남아 있었다.

16 http://www.sz-online.de/sachsen/autoliv-schliesst-werk-in-doebeln-2646101.html

17 클라우스니츠에서 멈춰 세워진 '라이제게누스'사의 버스는 그날 슈네베르크Schneeberg에서 출발해 프라이베르크Freiberg의 외국인청을 거쳐 클라우스니츠로

갔다. 되벨른에서는 한 번도 정차하지 않았다.

18 Kolnai, *Ekel Hochmut Hass*, S. 132 f.

19 Max Horkheimer / Theodor W. Adorno, *Dialektik der Aufklärung*, Frankfurt am Main, 1989, S. 179. [막스 호르크하이머, 테오도르 W. 아도르노, 『계몽의 변증법』, 김유동 옮김, 문학과지성사, 2001.]

20 Christoph Demmerling / Hilge Landweer, *Philosophie der Gefühle*, Stuttgart, 2007, S. 296.

21 2016년 6월에 연방범죄수사청장 홀거 뮌히Holger Münch도 "행위는 언어를 따라 간다"라고 대단히 명확하게 그 위험성을 지적했다. http://www.faz.net/aktuell/politik/inland/bka-chef-muench-im-interview-die-sprache-kommt-vor-der-tat-14268890.html

22 Elaine Scarry, "Das schwierige Bild der Anderen", Balke / Habermas / Nanz / Sillem (Hrsg.), *Schwierige Fremdheit*, Frankfurt, 1993, S. 238.

23 반유대주의 연구센터Zentrum für Antisemitismusforschung와 독일역사박물관Deutsches Historisches Museum이 주최한 〈선동Angezettelt〉이라는 전시회에서는, 과거의 오래된 편견에 찬 주제들부터 오늘날의 반유대주의 또는 인종주의 메시지를 담은 스티커를 활용한 이미지 정치를 통해 그러한 역사적 흐름을 보여주었다. 1920년대에 흑인의 이른바 '야수성'이라는 것을 '경고'하던 '검은 치욕Schwarze Schmach'이라는 선동 캠페인이 있었고, 그 캠페인과 연계된 우표에는 거대하고 검은 사람의 형체가 흰색으로 표현된 무방비 상태의 여성을 덮치는 그림이 그려져 있었다. '이방인들'('외국인들' 또는 '북아프리카인들')이 성적으로 위험한 존재라고 암시하는 이러한 인종주의적 사고는 여전히 반복된다.

24 오늘날의 맥락 속으로 이러한 과거의 역사를 인용하는 의도가 음험하다고 보는 이유는, 이미 높이 고조되어 있는 성폭력에 대한 경각심을 이용해 상황을 자신들이 원하는 방향으로 끌고 가려하기 때문이다. 오늘날에는 마침내 어린이와 여성에 대한 성폭력이 범죄행위로 성립하게 되었고 더 이상 경시되거나 과소평가되지 않는다. 이런 상황에서 인종주의적 관점으로 부당하게 특정한 속성을('추행하는 이방인' 또는 '아랍 남자'에 대한 공포를 부추기며) 덮어씌우고는, 어린이와 여성에 대한 성폭력에 민감하게 반응해야 한다는 필수적인 정당성과 한 맥락으로 엮어버리는 것이다. '아동 성폭행범들'에 대한 공포를 부추기는 것은 극우세력이 가장

즐겨 사용하는 수사적 도구다. 그럼으로써 더 폭넓은 층으로부터 동의를 얻어낼 수 있기 때문이다. 성폭력에는 누구나 반대한다. 다만 이 맥락에서는 성폭력에 대한 주의가 무엇보다 '아랍' 혹은 '흑인' 남성에 대한 깊은 분노를 자아내는 결과를 낳는다.

25 그것은 우연이 아니라 의도적이고 수사적인 전략의 결과다. 1989년 5월 14일에 방송된 〈슈피겔 TV 마가진Spiegel TV Magazin〉의 한 꼭지를 보면, 인종주의 이데올로기가 표면적으로 어떻게 겉치장을 하는지 잘 알 수 있다. 〈독일 국가민주당〉 당원들의 어느 워크숍을 촬영한 내용이었다. 한 세미나 조에서 '외국인 문제'를 주제로 한 강연을 연습하고 있었다. 그 회의는 일종의 역할극처럼 구성되었다. 한 세미나 참여자가 강연 예행연습을 하면, 다른 구성원들이 이의나 반론을 제기하며 논쟁을 해나가는 방식이었다. 누군가가 전쟁지역에서 온 외국인들은 도와주어야 하는 게 아니냐고 질문하자 강연자는 이렇게 대답한다. "그들은 가련한 악마들이죠. 물론 그들을 도와야합니다. 하지만 그들을 이곳에 통합시키려고 애써 봐야 그들에게는 도움이 안 됩니다. 한마디로 불가능한 일이죠. 그들은 전혀 다른 특징들을 갖고 있고 전혀 다른 생활방식을 지닌 전혀 다른 인종이니까요." 그러자 뒤이어 교관이 피드백을 통해 전술적인 면을 바로잡아준다. "거기서 당신은 '인종'이라는 표현을 썼는데……, 나라면 그 단어는 결코 이 맥락 속으로 끌고 들어가지 않을 겁니다. '다른 사고방식'이라는 뜻으로 한 말입니까? 아무튼 그러면 곧바로 좌파나 (이 부분 알아듣지 못함) 언론에 의해 '인종주의자'라는 소리를 듣게 될 겁니다." 그러니까 서로 다른 '인종들'이 존재하며 그 각 집단에는 각자 고유한 속성이 있다는 가정 자체를 비판하는 것이 아니라, '인종'이라는 단어를 사용하면 인종주의자라는 비난을 초래할 수 있다는 점만을 문제 삼는 것이다. 이데올로기의 내용은 전혀 달라지지 않았는데도 오늘날의 논의가 왜 그렇게 매끈하게 느껴지는지가 이로써 설명된다. 이 방송 내용을 찾아볼 수 있게 해 준 슈피겔 TV의 마리아 그레스Maria Gresz와 하르무트 레르너Hartmut Lerner에게 감사드린다.

26 이 맥락에서는 경찰도 적대적 세력으로까지는 아니더라도 조종당하거나 혼란에 빠진 사람들로 묘사된다. 구체적으로 공무원들을 향해 그들이 누구를 지지하고 보호해야 하는지 요구하는 성명들도 있다. 바로 '당신들의 가족, 당신들의 친척, 당신들의 친구, 당신들의 이웃인' '민족Volk'을 지켜야 한다는 것이다. 경찰은 무엇보다 먼저 법치국가의 이념을 지켜야 하고, 자신과 같은 혈통이든 아니든 친구이든 아니든 이곳에 사는 사람이면 누구나 보호해야 한다는 생각은 그들에게는 전

혀 통용되지 않는 것이다.

27 기껏 차이를 인정하는 척하더라도 이렇게 획일적인 담론에서는 전반적인 의심을 뒷받침하는 역할만 할 뿐이다. 예를 하나 보자. 유리그릇에 여러 색깔의 엠앤엠 M&Ms 초콜릿이 담겨 있는 사진이 있다. 그 위에 큰 글씨로 이렇게 쓰여 있다. "모든 난민이 범죄자나 악인은 아니다." 그리고 사진 아래쪽에는 더 작은 글씨로 이렇게 적혀 있다. "이제 이 엠앤엠 초콜릿 가운데 10퍼센트에만 독이 묻어 있다고 상상해 보자. 그럴 때 당신이라면 그 중 한 움큼을 집어 먹겠는가?"

28 《제체시온Sezession(분리)》같은 잡지도 그 부류에 속한다. 그들은 냉철하고 지적인 태도를 취하고 있고 어쩌면 정말 그런지도 모르지만, 그들이 제시하는 주제와 해석은 그 버스에 탄 난민들에 대한 증오를 불러일으키는 종류의 것뿐이다. Liane Bednarz / Christoph Giesa, *Gefährliche Bürger. Die Neue Rechte greift nach der Mitte*, München, 2015. 이나 Volker Weiß, *Deutschlands neue Rechte*, Paderborn, 2011. 그리고 다음 책도 보라. Küpper / Molthagen / Melzer / Zick / (Hrsg.), *Wut, Verachtung, Abwertung. Rechtspopulismus in Deutschland*, Bonn, 2015.

29 Will McCants, *The ISIS Apocalypse*, New York, 2015. 에서 IS의 역사와 전략에 대한 탁월한 분석을 볼 수 있다. 저자는 트위터(@will_mccants) 활동도 적극적으로 하고 있다.

30 IS가 사상과 강령 면에서 참고하는 핵심 문서 중 하나인 『야만의 경영The Management of Savagery』에서 저자 아부 바크르 나지Abu Bakr Naji는 양극화 전략에 한 장 전체를 할애한다. 이 문서는 2006년에 윌 맥캔츠가 번역한 것으로, IS 테러의 교리적 토대를 이해하고자 하는 모든 이에게 읽어볼 것을 추천한다. IS가 목표로 하는 서구의 양극화와 분열에 관해서는 다음 문서도 참고하라.

http://www.understandingwar.org/sites/default/files/ISW%20ISIS%20RAMA DAN%20FORECAST%202016%20FINAL.pdf

31 http://www.focus.de/politik/videos/brauner-mob-in-clausnitz-dramatische-szenen-aus-clausnitz-fluechtlingsheim-frauen-und-kinder-voellig-verstoert_id_5303116.html

32 https://www.youtube.com/watch?v=JpGxagKOkv8

33 두 경찰의 이름은 수사를 통해 나중에야 알려졌다. 내가 여기서 그들의 이름을 쓴 것은 에릭 가너를 죽음으로 몰아간 사건의 경위를 엄밀하게 기술하기 위해서다.

34 에릭 가너의 마지막 말을 녹취한 영어 원문은 다음과 같다. "*Get away [garbled] for what? Every time you see me, you want to mess with me. I'm tired of it. It stops today. Why would you …? Everyone standing here will tell you I didn't do nothing. I did not sell nothing. Because everytime you see me, you want to harass me. You want to stop me [garbled] selling cigarettes. I'm minding my business, officer, I'm minding my business (…)*" http://www.hiaw.org/garner/에 녹취록과 음성파일이 있다.

35 이전에 에릭 가너는 세금을 물지 않은 담배를 판매하고 마리화나를 소지한 혐의로 여러 차례 체포된 적이 있었다.

36 독일어 번역본 원문에는 N.이 원래 단어[=Negro, 파농의 프랑스어 원문에는 nègre, 우리말로 옮기면 검둥이가 될 것이다(옮긴이)] 그대로 적혀 있다. 여기서 나는 의도적으로 그 단어를 제대로 쓰지 않기로 했다. 흑인 저술가의 글을 인용하는 백인 여성 저자로서 내가 그 단어를 쓰는 것은 또 다른 맥락에 넣는 일이며, 그런 행위로부터 생겨날 의미의 변화와 손상을 잘 알고 있기 때문이다. Frantz Fanon, *Schwarze Haut, weiße Masken*, Wien / Berlin, 2013~2015, S. 97. [프란츠 파농, 『검은 피부, 하얀 가면』, 이석호 옮김, 인간사랑, 1998.3.]

37 이와 관련해서는 다음 글들이 특히 좋은 참고가 된다. Judith Butler, "Endangered / Endangering: Schematic Racism and White Paranoia", S. 15~23. 그리고 Robert Gooding-Williams, "Look, a Negro!"[저자 카롤린 엠케는 "Look, a n…"로 표기했음(옮긴이)], S. 157~178. 이 글들은 다음 책에 수록되어 있다. Robert Gooding-Williams (Hrsg.), *Reading Rodney King, Reading Urban Uprising*, New York / London, 1993.

38 Scarry, "Das schwierige Bild des Anderen", S. 230.

39 검시관은 그밖에도 에릭 가너가 앓고 있던 천식과 심부전, 과체중도 죽음을 앞당겼다고 밝혔다.

40 Fanon, *Schwarze Haut, weiße Masken*, S. 95.

41 http://www.nytimes.com/1994/12/30/nyregion/clash-over-a-football-ends-

with-a-death-in-police-custody.html

42 Ta-Nehisi Coates, *Zwischen mir und der Welt*, München, 2016. S. 17. [*Between the World and Me*, Spiegel&Grau, 2015. / 타네하시 코츠, 『세상과 나 사이』, 오숙은 옮김, 열린책들, 2016.]

43 Coates, *Zwischen mir und der Welt*, S. 105. [*Between the World and Me*, Spiegel&Grau, 2015. / 타네하시 코츠, 『세상과 나 사이』, 오숙은 옮김, 열린책들, 2016.]

44 아프가니스탄 참전용사인 흑인 미카 존슨Micah Johnson이 백인 경찰 다섯 명을 사살한 사건이 일어난 댈러스는 마침 지역 경찰이 수년 동안 폭력사태를 줄이기 위해 노력해왔던 곳이다. http://www.faz.net/aktuell/feuilleton/nach-den-polizistenmorden-ausgerechnet-dallas-14333684.html

45 조지 얀시George Yancey는 《뉴욕타임스》와의 인터뷰 〈흑인 철학자로 살아가는 일의 위험성The Perils of Being a Black Philosopher〉에서 그러한 불안의 경험을 이렇게 표현했다. "흑인은 '우리' 미국인이 아니라 겁에 질린 타자였다." http://opinionator.blogs.nytimes.com/2016/04/18/the-perils-of-being-a-black-philosopher/?smid=tw-nytopinion&smtyp=cur&_r=1

46 내가 실제로 전혀 닮지 않은 레즈비언 여성들로 얼마나 자주 오인되었는지는 여기서 자세히 이야기하지 않겠다.

47 Mari J. Matsuda / Charles R. Lawrence III. / Richard Delgado / Kimberlèe Williams Crenshaw (Hrsg.), *Words that Wound. Criticial Race Theory, Assaultive Speech, and the First Amendment*, Boulder / Colorado, 1993, S. 13.도 보라.

2. 동질성-본연성-순수성

1 Jacques Derrida, *Schibboleth*, Wien, 2012, S. 49.

2 종교적 관습과 신념의 차이는 종교공동체들 사이에서뿐 아니라 각 종교공동체 **내부**에도 존재한다. 현대의 종교는—모든 신학적 교리를 넘어서—**체험의** 종교이며, 그런 점에서 다양한 세대와 지역에 따라 정전 또는 교리가 표현하는 것보다

더 다면적이고 가변적이다. 또한 원칙적으로 종교공동체는 어떤 **강압도** 행사해서는 안 된다. 그러려면 한 종교공동체 안에서 태어났지만 그 공동체의 규칙들에 동의할 수도 없고 동의할 뜻도 없는 사람들에게는 그 공동체를 떠날 선택권이 있어야 하고, 신도였지만 더 이상 그 종교를 믿을 수 없거나 믿기를 원치 않을 때, 규정들이 지나치게 부담스러운 요구로 여겨지거나 독립적 주체로서 자신의 권리들을 존중받지 못할 때는 탈교할 수 있어야 한다. 믿어도 되는(또는 믿을 수 있는) 것과 믿지 않아도 되는 것은 똑같이 보호할 가치가 있는 개인의 권리(혹은 천성)다. 어떤 신앙과 그 종교공동체에 들어가거나 나가는 것은 강요해서는 안 되는 일이다.

3   Tzvetan Todorow, *Die Eroberung Amerikas. Das Problem des Anderen*, Frankfurt am Main, 1985, S. 177. [*La Conquête de l'Amérique*, Seuil, 1982.]

4   이에 대한 오해가 생기기 전에 먼저 언급해둔다. 물론 그런 배제 중에는 때로 국민투표나 의회선거를 통해 다수에 의해 인가된 경우도 있을 수 있다. 그런 과정을 거쳤다고 해서 반자유주의 성향과 기준의 미심쩍은 성격이 사라지는 것은 아니다. 또한 법치국가에서는 민주적 결정도 인권보장에 의해 구속되고 제한된다. 이에 대해서는 뒤에서 더 자세히 다룬다.

5   그에 반해 자유주의에서는 인민이 자신의 주권을 선출한 대표자에게 위임한다는 점에서 일종의 실용주의를 엿볼 수 있다. 기본법에 규정된 바에 따르면, 독일연방공화국에서 국가권력은 국민으로부터 나오며, "국민에 의해 선거와 투표를 통해 행사되고, 입법, 집행 및 사법의 특별한 기관을 통해 행사된다." (기본법 20조 2항) 또 다음 책에서는 담론이론을 통해 민주적 의사결정 개념을 확장해 국민주권 개념을 재공식화한 것을 볼 수 있다. Jürgen Habermas, *Faktizität und Geltung*, Frankfurt am Main, 1992, S. 349~399. [위르겐 하버마스, 『사실성과 타당성』, 박영도, 한상진 옮김, 2007년, 나남출판.]

6   "Das Imaginäre der Republik II: Der Körper der Nation", in: Koschorke / Lüdemann / Frank / Matala de Mazza, *Der fiktive Staat*, Frankfurt am Main, 2007, S. 219~233. 참조.

7   머리쓰개에 관한 더 상세한 논의는 다음을 참고하라. Carolin Emcke, *Kollektive Identitäten*, Frankfurt am Main, 2000, s. 280~285.

8   상동.

9 구스타프 자입트Gustav Seibt의 아름다운 표현으로 읽어보자. http://www.suedde
utsche.de/kultur/alternative-fuer-deutschland-sprengstoff-1.2978532

10 반면 문화적 다양성이 정치적 또는 민주적으로 바람직할 뿐 아니라 경제적으
로도 이익이 될 수 있는 이유를 논하는 몇 가지 연구가 있다. http://www.nber.
org/papers/w17640 또는 https://www.americanprogress.org/issues/labor/
news/2012/07/12/11900/the-top-10-economic-facts-of-diversity-in-the-
workplace 참조.

11 예컨대 프랑스 〈국민전선〉의 마린 르 펜에게 '원래의' '진정한' 프랑스는 적어도
역사적인 유럽연합 이전의 프랑스이며, 어쩌면 드골 시대 이전의 프랑스일 수도
있다. 유럽연합EU이나 북대서양조약기구NATO에 묶여 있다면 프랑스는 프랑스가
아닌 것이다. 그러나 무엇보다 르 펜이 '참된' 프랑스로 여기는 것은 프랑스인 중
무슬림이 아무도 없었던 시대의 프랑스다. 르 펜이 현재 프랑스의 문화적 종교적
다양성을 비판하는 것은 언젠가 단일한—이 말을 어떻게 정의하든—정체성을
지닌 동질적인 프랑스 국가가 존재한 적이 있었다고 전제하는 것이다. 그렇기 때
문에 르 펜이 보기에 프랑스 국적을 가질 권리에서 결정적인 특징은, 제5공화국
헌법이 규정하듯이 출생지가 아니라 혈통이다.

12 Benedict Anderson, *Imagined Communities*, London / New York, 1983/1991,
s. 6. [베네딕트 앤더슨, 『상상의 공동체』, 윤형숙 옮김, 나남출판, 2003.] 영어 원문
은 다음과 같다. "*It is imagined because even the members of the smallest na-
tions will never know most of their fellow members, meet them or even hear of
them, yet in the minds of each lives the image of their communion.*"

13 http://www.spiegel.de/panorama/gesellschaft/pegida-anhaenger-hetzen-ge
gen-nationalspieler-auf-kinderschokolade-a-1093985.html

14 http://www.antidiskriminierungsstelle.de/SharedDocs/Downloads/DE/publi
kationen/forschungsprojekt_diskriminierung_im_alltag.pdf?_blob=publication
File

15 "Boateng will jeder haben", Interview mit Alexander Gauland, *SPIEGEL*,
23/2016, s. 37.

16 사람들을 묘사하는 개념들도 아주 중요한 배제와 비방의 기술—이에 대해서는
이 장에서 다시 한 번 자세히 다룬다—에 속한다. 학문과 정치활동의 영역에서

배제의 문제를 다루는 많은 사람들에게 언어정치적으로 적합하고 포용적인 용어가 무엇인지 묻는 것은 실존적으로 매우 중요한 논의다. '남/녀'처럼 '당연한' 것으로 상정되는 범주에도 윤리적 언어정치적 문제가 있다. 반성적으로 고찰하고 비판해야 할 속성규정과 이분법을 단순히 반복하는 것이기 때문이다. 한편 더 적합한 용어와 표기법을 찾기 위한 다양한 방법과 제안도 대단히 많이 나와 있다 (모든 성별을 분명히 알아볼 수 있게 하려는 전략도 다양한 표기방식들로 드러난다. 예컨대 남성형과 여성형을 다 써주는 병기법[ein Politiker oder eine Politikerin—한 정치가 또는 한 여성 정치가], 전체를 기울인 서체에서 남성형에 사선을 긋고 여성형 어미를 붙이는 사선법[ein/e Politiker/in], 단어 중간에서 i를 대문자로 써서 남녀를 동시에 표기하는 내부-I법(Binnen-I)[einE PolitikerIn]. 그런가 하면 성별을 식별하게 하는 모든 특징과, 성을 두 가지로만 보는 표준을 모두 거부하는 중성화 전략도 있다.)[우리말에서는 사람을 표시하는 명사의 성을 구분하지 않아 번역문에서는 드러나지 않지만, 이 책에서 저자는 'Migrantinnen und Migranten(여성이주자들과 남성이주자들)'과 같은 식으로 여성명사와 남성명사를 병기하는 방식을 썼다.(옮긴이)] 나는 이 책에서도 '남성/여성'으로 나누어 썼지만, 이런 형태들 역시 단순히 있는 그대로의 객관적인 사실이라고 주장할 수 있는 것이 아니며, 항상 역사적 문화적 영향이 각인된 형태들이라는 것을 이 지점에서 반드시 지적하고 넘어가는 것이 중요하다고 생각한다. 특정한 영역에서 누군가를 '남성' 또는 '여성'으로 보는 것이 그리고 그렇게 통용하는 것이 과연 정당한 일인지도 논쟁의 여지가 있는 일이며 바로 이 장의 주제이기도 하다. 내가 사용한 용어의 형태들과 개념들이 존중을 담고 있으며 쉽게 이해할 수 있다고 느껴지기를 바란다.

17 참을성 있게 나의 질문에 답해주고, 마음을 열고 개인적인 이야기까지 솔직하게 들려주었으며, 깊이 있고 생산적인 비판을 가해준 투케 로얄레Tucké Royale와 마리아 자비네 아우그슈타인Maria Sabine Augstein에게 진심으로 감사한다. 이어지는 부분에서 허술한 부분이나 실수가 있다면 그것은 당연히 모두 나의 책임이다.

18 성별에 따라 육체를 보는 관점의 기원에 관해서는 클라우디아 호네거Claudia Honegger가 역사적 관점에서 연구한 『성별의 질서Die Ordnung der Geschlechter』 (Frankfurt am Main, 1991.), 토마스 라커Thomas Laqueur의 『몸에 쓰다Auf den Leib geschrieben』(Frankfurt am Main, 1992.) [*Making Sex: Body and Gender from the Greeks to Freud*, Cambridge Mass., Harvard University Press, 1990. / 토마스 라커, 『섹스의 역사』, 이현정 옮김, 황금가지, 2000년], 바바라 두덴Barbara

Duden의 『피부 아래의 역사Geschichte unter der Haut』,(Stuttgart, 1991.)를, 사회적-
문화적 존재양식으로서의 성이라는 관념에 대해서는 안드레아 마이호퍼Andrea
Maihofer의 『존재양식으로서의 성Geschlecht als Existenzweise』,(Frankfurt am Main,
1995.)을 보라.

19 이 질문과 관련해서는 다음 글을 보라. "Differenz im Verhältnis zu Macht- und
Herrschaftsverhältnissen gedacht werden kann", Quaestio / Nico J. Beger /
Sabine Hark / Antke Engel / Corinna Genschel / Eva Schäfer (Hrsg.), *Queering
Demokratie*, Berlin, 2000.

20 둘째 관점에 대해서는 다음 글을 보라. Stefan Hirschauer, *Die soziale Konst-
ruktion der Transsexualität. Über die Medizin und den Geschlechtswechsel*,
Frankfurt am Main, 1993/2015.

21 좀 더 엄밀하게 그리고 어쩌면 좀 놀랍게 느껴질 사실을 말하자면, 트랜스인들 중
에서도 근본적으로 자신의 타고난 성적 특징들을 전혀 '가짜' 같다거나 '불편하
다'고 느끼지 않는 이들도 꽤 많다. 심지어 아름답고 적절하다고 느낄 수도 있다.
그들이 부적절하다고 느끼는 것은 그러한 특징들을 '명백하게 여성적인' 혹은 '명
백하게 남성적인' 것으로 해석하는 것이다.

22 Andrea Allerkamp, *Anruf, Adresse, Appell. Figuration der Kommunikation in
Philosophie und Literatur*, Bielefeld, 2005, S. 31~41. 참조.

23 Mari J. Matsuda / Charles R. Lawrence III. / Richard Delgado / Kimberlèe Wil-
liams Crenshaw (Hrsg.), *Words that Wound. Criticial Race Theory, Assaultive
Speech, and the First Amendment*, Boulder / Colorado, 1993, S. 5.

24 "언어로 상처를 입는다는 것은 맥락을 상실한다는 것, 즉 글자 그대로 자기가 있
는 곳이 어딘지 모르게 된다는 것을 의미한다." Judith Butler, *Hass spricht. Zur
Politik des Performativent*, Berlin, 1998, S. 12. [*Excitable Speech: A Politics of
the Performative*, Routledge, 1997. 주디스 버틀러, 『혐오 발언』, 유민석 옮김, 알
렙, 2016.]

25 수치는 다음 글에서 인용했다. Jacqueline Rose, "Who do you think you are?",
London Review of Books, Vol. 38, No. 9, 2016년 5월 2일자. http:// www.lrb.
co.uk/v38/n09/jacqueline-rose/who-do-you-think-you-are

26 '패킹'은 다양한 종류의 인공남성성기를 말한다. '바인딩'은 가슴을 붕대로 감아 겉에서 볼 때 잘 드러나지 않게 하는 것이다. 자신이 알고 있는 바를 흔쾌히 그리고 유머러스하게 알려준 라우라 메리트Laura Méritt에게 감사한다.

27 그런데 공식적인 소속성별이나 신체를 내적 확신과 일치시키기를 원하는 이런 소망은 성적 지향의 문제와는 무관하다. 저술가이자 활동가 제니퍼 피니 보일런Jennifer Finney Boylan이 언젠가 썼듯이 성전환증Transsexualität은 "당신이 **누구와** 자기를 원하는가의 문제가 아니라 당신이 누군가와 **누구로서** 자기를 원하는가의 문제다." Jacqueline Rose, "Who do you think you are?"에서 인용.

http://www.lrb.co.uk/v38/n09/jacqueline-rose/who-do-you-think-you-are

28 Paul B. Preciado, *Testo Junkie. Sex, Drogen Biopolitik in der Ära der Pharmapornographie*, Berlin, 2016, S. 149.

29 Julian Carter, "Transition", *Posttranssexual. Key Concepts for a Twenty-First-Century Transgender Studies, TSQ, Vol. 1. No.1-2*, Mai 2014. S. 235 ff.

30 Paul B. Preciado, *Testo Junkie*, S. 68f.

31 Paul B. Preciado, *Testo Junkie*, S. 57.

32 다음 사이트에서 성전환법의 전문을 볼 수 있다. http://www.gesetze-im-internet.de/tsg/BJNR016540980.html

33 상동. "다른 성별에 대한 소속감이 달라지지 않을 확률이 매우 높을 때"라는 조항도 있다.

34 https://www.bundesverfassungsgericht.de/entscheidungen/rs20110111_1bvr329507.html

35 트랜스젠더를 환자 취급하는 일에 대한 비판적 논의는 다음 글을 보라. Diana Demiel, "Was bedeuten DSM-IV und ICD-10?", Anne Alex (Hrsg.), *Stop Trans*Pathologisierung*, Neu-Ulm, 2014, S. 43~51.

36 Daniel Mendelsohn, *The Elusive Embrace*, New York, 2000, S. 25f. 영어 원문은 다음과 같다. "*If you spend a long enough time reading Greek literature that rhythm begins to structure your thinking about other things, too. The world men you were born into; the world de you choose to inhabit.*"

37 특히 신우파의 담론이 이러한 명확성을 강력히 주장한다. "이 맥락에서 성별은 '민족공동체Volksgemeinschaft'의 엄격하게 반개인주의적이고 권위적-서열적인 구조 내에서 사회적 위치 안내자의 역할을 한다. 남성성(들)과 여성성(들)의 구상은 그 공동체의 내적 결속을 위한 역할을 한다." Juliane Lang, "Familie und Vaterland in der Krise. Der extrem rechte Diskurs um Gender", Sabine Hark / Paula-Irene Villa (Hrsg.), *Anti-Genderismus. Sexualität und Geschlecht als Schauplätze aktueller politischer Auseinandersetzungen*, Bielefeld, 2015, S. 169.

38 희한하게도 지방법원이 요구하는 정신감정에 대한 비용은 트랜스인 본인이 지불해야 한다. 그러나 일단 감정에 따라 '성전환증' 진단을 확인받으면 호르몬치료는 의료보험으로 처리된다. 이것은 모순적으로 보인다. 그러려면 차라리 입법기관도 '성전환증'을 질병으로 평가하고, 그런 다음 지방법원이 요구하는 감정도 의료보험으로 지불하도록 해야 할 것이다.

39 젠더가 불명확한 사람들에게 가해지는 폭력에 민감하게 대처하지 못하는 문제에 대해서는, 다음 글을 보라. Ines Pohlkamp, *Genderbashing. Diskriminierung und Gewalt an den Grenzen der Zweigeschlechtlichkeit*, Münster, 2014.

40 http://www.sueddeutsche.de/politik/kolumne-orlando-1.3038967 참조

41 Didier Eribon, *Rückkehr nach Reims*, Berlin, 2016, S. 210f. [*Retour à Reims*, Fayard, 2009.]

42 http://hatecrime.osce.org/germany?year=2014

43 트랜스인들에 대한 폭력을 서술할 때는 더불어 유색인 또는 비백인 트랜스인들이 겪는 특별한 위협에 대해서도 고찰하는 것이 중요하다. 트랜스혐오와 인종주의가 무시무시한 동맹을 맺으면 보호받을 수 없는 이 이중의 노출은 결코 간과할 수 없는 수준까지 나아간다. 2015년 첫 7주 동안 미국에서 살해된 일곱 명의 여성은 모두 유색인이었다. 그들이 무엇으로부터도 보호받을 수 없는 상태에 자주 놓이게 되는 것은, 많은 유색인들이 심각하게 주변화된 상태에서 일자리를 구할 수 없고 그 결과 성노동에 내몰릴 수밖에 없다는 사실과도 깊은 관련이 있다. 이렇게 법적 보호와 권리가 보장되지 않는 상황에서 그들은 더욱 쉽게 잔인한 폭력의 희생자가 된다.

44 트랜스혐오로 인한 폭력 사건에서는 트랜스인이 자기 성별에 관해 범인을 속였

기 때문에 일어난 일이라며 '정당화'하는 경우가 종종 있다. 그럼으로써 폭력의 희생자에게 폭력의 잘못을 돌리는 것이다. 트랜스혐오 폭력을 이런 식으로 정당화하는 패턴에 대해서는 다음을 보라. Talia Mae Bettcher, "Evil Deceivers and Make-Believers", Susan Stryker / Aren Z. Aizura (eds.), *The Transgender Studies Reader Vol. 2*, New York 2013, S. 278~290.

45 http://www.dw.com/de/transgender-toilettenstreit-in-usa-auf-neuem-höhepunkt/a-19283386

46 https://www.hrw.org/report/2016/03/23/do-you-see-how-much-im-suffering-here/abuse-against-transgender-women-us#290612

47 한편 의학적 개입으로 성별동화를 원하는 경우에는—의료보험 자격 때문에—감정을 받는 것이 합리적일 수도 있다. 그러나 이는 아직 논쟁적인 문제다. 질병으로 취급하는 것 자체가 용납되지 않는 사람들도 있고, 비용 문제 때문에 감정 받는 것이 의미 있다고 생각하는 이들도 있기 때문이다.

48 Daniel Mendelsohn, *The Elusive Embrace*, 26f. 영어 원문은 다음과 같다. "*What is interesting about the peculiarity of Greek, though, is that the men … de sequence is not always necessarily oppositional. Sometimes – often – it can merely link two notions or quantities or names, connecting rather than separating, multiplying rather than dividing.*"

49 바타클랑을 공격목표로 선택한 이유가 한때 그 극장의 소유주가 유대인이었다는 점 때문이라는 추측이 있다. http://www.lepoint.fr/societe/le-bataclan-une-cible-regulierement-visee-14-11-2015-1981544_23.php

50 게다가 그들이 정말로 동성애자들인지 아니면 단순히 그렇다는 주장만 있는 것인지도 확실하지 않다.

51 http://time.com/4144457/how-terrorists-kill/ 영어 원문은 다음과 같다. "*Although I have studied jihadist culture for a decade, I am still astounded and dismayed by its ability to inspire individuals to take innocent life.*"

52 카타윤 아미르푸Katajun Amirpur의 글도 읽어보라. https://www.blaetter.de/archiv/jahrgaenge/2015/januar/≫islam-gleich-gewalt≪

53 여기서는 이미지 정치의 전략에 관한 내용은 별로 볼 수 없다. 그와 관련해서는

내가 제임스 폴리James Foley의 동영상에 관해 이야기한 것을 읽어보라. http://
www.deutscheakademie.de/de/auszeichnungen/johann-heinrich-merck-
preis/carolin-emcke/dankrede

54   http://www.nytimes.com/2014/12/29/us/politics/in-battle-to-defang-isis-
us-targets-its-psychology-.html?_r=0. 영어 원문은 다음과 같다. "*We do not
understand the movement, and until we do, we are not going to defeat it. We
have not defeated the idea. We do not even understand the idea.*"

55   http://thedailyworld.com/opinion/columnist/terrorism-book

56   영어로 번역된 알 아드나니의 메시지를 여기서 볼 수 있다. https://pietervanosta
eyen.com/category/al-adnani-2

57   알 자르카위의 역할에 대해서는 다음 글을 보라. Yassin Musharbash, *Die neue
al-Qaida. Innenansichten eines lernenden Terror-Netzwerks*, Köln, 2007, S.
54~61.

58   이 링크는 추천해서가 아니라 증거로서 제시하는 것이다. 이 동영상은 IS의 프로
파간다 자료이기 때문에 명확한 사전 경고문이 붙어 있다. 청소년들에게는 적합
하지 않으며, 폭력적인 장면들과 테러정권 IS를 찬미하는 장면들이 포함되어 있
다. http://www.liveleak.com/view?i=181_1406666485

59   http://www.gatestoneinstitute.org/documents/baghdadi-caliph.pdf. 영어 원문
은 다음과 같다. "*You have a state and a khilāfah where the Arab and the non-
Arab, the white man and the black man, the eastener and the westener are
all brothers.*" 다음에 이어지는 인용문의 원문은 이와 같다. "*The Islamic State
does not recognize synthetic borders nor any citizenship besides Islam.*"

60   IS의 프로파간다 영화들 중에서 12분짜리 〈국경 허물기Breaking the Borders〉는 구
체적으로 바로 그 국경 문제를 다룬다. IS가 원형原形-국가적 구성체를 세우는 데
실제로 어떻게 성공할 수 있었는가에 관한 논쟁이 흥미롭다. 이 점과 관련해《차
이트》의 필진 야신 무샤르바시의 블로그에 실린 다음 게스트포스트를 보라.
http://blog.zeit.de/radikale-ansichten/2015/11/24/warum-der-is-die-welt
ordnung-nicht-gefahrdet/#more-1142

61   파와즈 게르게스Fawaz Gerges는 『IS의 역사Isis-A History』에서 IS 군대의 지휘관

급 중 30퍼센트가 탈바트화(미국이 이라크 점령 후 사담 후세인 정권의 집권당이었던 바트당의 세력을 축출한 프로젝트 -역자주) 과정에서 지위를 잃은 전 이라크 군 장교들이라고 말했다. http://www.nybooks.com/articles/2016/06/23/how-to-understand-isis

62 Al-Bagdadi, *A Message to the Mujahidin and the Muslim Ummah in the Month of Ramadan*. http://www.gatestoneinstitute.org/documents/baghdadi-caliph.pdf 원문은 이렇다. "*Muslims will walk everywhere as a master.*"

63 시간이라는 관념에 대한 IS의 독특한 인식에 관해서는 다음 글을 읽어보라. Yassin Musharbash, "Grundkurs djihadistische Ideologie" http://blog.zeit.de/radikale-ansichten/2015/03/30/wie-tickt-der-1

64 전 세계의 무슬림 율법학자들이 IS에 의한 이슬람교의 왜곡에 반대하는 것처럼, 이라크와 시리아에서 수니파 계통임에도 IS에게 충성하기를 거부하는 이들도 많다. 파와즈 A. 게르게스는 알 바그다디가 외국뿐 아니라 자기네 영토 내의 복잡한 정치 사회 현실도 과소평가한 것 같다고 힘주어 말한다. http://www.latimes.com/opinion/op-ed/la-oe-0417-gerges-islamicstate-theorists-20160417-story.html

65 Mary Douglas, *Purity and Danger. An Analysis of Concepts of Pollution and Taboo*, London / New York, 1966, S. 3. 영어 원문은 다음과 같다. "*Pollution claims can be used in dialogue of claims and counter-claims to status.*"

66 http://www.independent.co.uk/news/world/middle-east/isis-executes-at-least-120-fighters-for-trying-to-flee-and-go-home-9947805.html

67 이 텍스트의 PDF 버전은 http://www.liveleak.com/view?i=805_1404412169에서 구할 수 있다. 4쪽. 영어 원문은 다음과 같다. "*The Power of the masses was tamed and its self-awareness dissipated through thousands of diversions.*"

68 (질서에 대한 극단적 집착과 통제력 상실에 대한 공포가 더해진) 이 순수 숭배는 정신분석학적으로 해석하면 '항문기적 특징'으로 볼 수도 있다. (IS에만 국한되지 않는) 대중주의와 순수라는 표상 사이의 연관성에 대해서는 다음 책을 보라. Robert Pfaller, *Das schmutzige Heilige und die reine Vernunft. Symptome der Gegenwartskultur*, Frankfurt am Main, 2008, S. 180~195.

69 *The Management of Savagery*, http://www.liveleak.com/view?i=805_14044121
69, S. 72쪽. 영어 원문은 다음과 같다. "*If we are not violent in our jihad and if softness seizes us, that will be a major factor in the loss of the element of strength.*"

70 인용문은 이 연설의 7번 항목에 있다.

https://pietervanostaeyen.files.wordpress.com/2014/12/say_i_am_on_clear_proof_from_my_lord-englishwww-islamIcline-com.pdf 영어 원문은 이렇다. "*We believe that secularism despite its differences in its flags and parties (...) is a clear disbelief, opposing to Islam, and he who practices it, is not a Muslim.*"

71 http://www.jerusalemonline.com/news/world-news/around-the-globe/isis-warns-refugees-dont-flee-to-europe-15954

3. 순수하지 않은 것에 대한 찬미

1   *Diderots Enzyklopäadie*, Annette Selig / Rainer Wieland (Hrsg.), Berlin, 2013, S. 157.

2   Aleida Assmann, "Änlichkeit als Performanz. Ein neuer Zugang zu Identitäskonstruktionen und Empathie-Regimen", Anil Bhati / Dorothee Kimmich (Hrsg.), *Änlichkeit. Ein kulturtheoretisches Paradigma*, Konstanz, 2015, S. 171.

3   Hannah Arendt, *Vita Activa oder Vom tätigen Leben*, München, 1967/1981년, S. 11. [*The Human Condition*, University of Chicago Press, 1958. / 한나 아렌트, 『인간의 조건』, 이진우 옮김, 한길사, 1996/2017.]

4   Hannah Arendt, *Vita Activa*, S. 15. [한나 아렌트, 『인간의 조건』, 이진우 옮김, 한길사, 1996/2017.]

5   Jean-Luc Nancy, *Singulär Plural Sein*, Zürich, 2004/2012, S. 61. [*Être singulier pluriel*, Paris, Galilée, 1996.]

6   Ingeborg Bachmann, "Frankfurter Vorlesungen", Ingeborg Bachmann *Werke*,

Bd. 4, München, 1978/1993, S. 192f.

7   Martin Saar, *Immanenz der Macht. Politische Theorie nach Spinoza*, Berlin, 2013, S. 395.

8   "Blickveränderungen", *Lettre* Nr. 109, Sommer 2015.

9   오늘날에 홀로코스트를 기억한다는 특별한 임무에 관해서는 다음 칼럼과 책에서 도 상세히 서술한 바 있다. http://www.sueddeutsche.de/politik/kolumne-erin nern-1.2840316, Carolin Emcke, *Weil es sagbar ist. Über Zeugenschaft und Gerechtigkeit*, Frankfurt am Main, 2013.

10   어쩌면 이는 세계문학은 대개 원전으로 읽어야 하고, 그래서 세계문학 교육은 외 국어수업시간에만 한정되기 때문인지도 모른다. 여기서는 각자의 분야가 세계적 인 문화사나 세계문학의 관점에서도 의미 있을지 고려해야 할 것이다.

11   Michel Foucault, "Vorlesung 2 (Sitzung vom 12. Januar 1983)", *Die Regierung des Selbst und der anderen*, Frankfurt am Main, 2009, S. 63~104. [*Le gouvernement de soi et des autres : Tome 2, Le courage de la verite - Cours au College de France (1983-1984)*, Gallimard/Seuil, 1983/2009.]

12   Eva Illouz, *Israel*, Berlin, 2015, S. 7 f.

13   Albrecht Koschorke, *Wahrheit und Erfindung. Grundzüge einer allgemeinen Erzähltheorie*, Frankfurt am Main, 2012, S. 20.

14   '증오 시 슬램'은 현재 혐오와 증오와 광신주의에 대항하는 진실 말하기를 유머 와 아이러니로 채워나가고 있는 한 형식이다. 저널리스트들인 에브루 타스데미 어Ebru Taşdemir와 도리스 아크랍Doris Akrap, 데니스 위첼Deniz Yüçel, 멜리 키야크 Mely Kiyak, 야신 무샤르바시Yassin Musharbash가 처음 시작해 발전시켰고, 후에 외 즐렘 게제르Özlem Gezer와 외즐렘 톱추Özlem Topçu, 하스나인 카짐Hasnain Kazim, 모 하메드 암자히드Mohamed Amjahid가 합류했다. 클럽이나 극장에서 관객을 앞에 두 고 열리는 이 공연에서 저널리스트들은 자신이 쓴 기사를 읽고 독자들이 보내온 것 중 가장 지독한 증오편지들을 골라서 낭독한다. 그 편지들은 해당 저널리스트 에게 개인적으로 보낸 것으로 인종주의적 성차별적 욕설들이 흘러넘친다. 상대 를 모욕하고 중상하며(게다가 지독하게 엉망진창인 독일어로 쓰인 경우도 많다) 계급 적 오만과 이슬람 적대적 혐오와 증오심으로 가득 차 욕을 하며 시비를 건다. '증

오 시 슬램'에서는 수신자가 자신이 받은 편지를 직접 낭독함으로써 그 편지를 조용한 편집실에서 꺼내 무대에 올리고, 그 과정에서 대개 그런 편지를 받는 이들이 빠지기 쉬운 무력감과 우울감도 스스로 떨쳐낸다. 증오편지를 공개적으로 낭독함으로써, 그들은 아무리 역겨운 편지일지라도 발신자와 수신자 둘 사이의 문제로만 남는 편지의 특성을 무너뜨린다. 그들은 그 증오를 혼자 참아내지 않기로 한 것이다. 불평 없이 인내할 생각도 없었다. 대신 그들은 세상 사람들을 목격자이자 관객으로 끌어들인다. 무방비 상태로 증오를 받아내는 상태에서 벗어나, 인종주의를 있는 그대로 들추어내 웃음거리로 만들고 무력화시키는 일종의 반어적인 낭독회로 연출한 것이다. '증오 시 슬램'의 출연자들은 아주 영리하면서도 익살스럽게 주체와 객체를 효과적으로 뒤집는 데 성공했다. 더 이상 그 저널리스트들의 출신지나 정체성이나 종교나 외모가 증오의 대상이 아니라 증오의 텍스트 자체가 웃음의 소재가 되는 것이다. 그러면서도 편지의 작성자를 죄인 취급하는 것은 아니다. 민족주의적이고 인종주의적인 '무리'에 대한 분노를 표출하는 것이 아니라, 단순히 그들이 한 말과 행동만을 웃음의 대상으로 삼는다. 이의의 반어적 표현을 통해 그 언행의 성격이 다르게 구성되는 것이다. 그래서 '증오 시 슬램'에서는 단순히 낭독만 하는 것이 아니라 파티와 축제가 벌어진다. 저널리스트들은 '친애하는 F… 부인, 친애하는 똥구멍 씨', '구독취소', '거대한 오페라', '짧고 더러운' 등의 범주에서 가장 역겨운 편지를 뽑는 시합을 벌인다. 관객들이 투표도 할 수 있다. 이는 무대 위에서 사실은 우스운 것이 아니라 몹시 불쾌한 텍스트와 개념들을 제시하고 유머로써 관객들에게서 웃음을 이끌어내야 하므로 꽤 만만치 않은 일이다. 거기서 들리는 거친 인종주의와 이슬람에 대한 적대감, 성차별, 인간에 대한 멸시는 누구에게나 치욕감과 당혹감을 안긴다. 그것을 듣고 있으면 관객들도 언어적 공격의 막강한 위력을 피부로 느끼게 된다. 그리고 모두 이렇게 자문하게 된다. 저런 건 어떤 느낌일까? 나도 저런 편지를 받는 대상이 될 수 있을까? 나는 여기서 어떤 입장을 취해야 할까? 그저 한 명의 방청객으로, 이런 편지의 대상이 아닌 한 사람으로? 누구나 이렇게 자문해야 한다. 저런 언어에 대해, 저런 증오에 대해 나는 어떻게 행동해야 할까? 저런 말에 대해 웃음을 터뜨린다는 것은 어떤 의미일까? 어떤 것이 적합한 반응일까? 이 창의적인 저항의 형식은 무대 위의 웃음이 관객에게도 옮아가게 할 뿐 아니라, 일상에서 벌어지는 인종주의, 자신의 사회적 위치, 연대와 연합의 필요성에 대해 진지하게 고민하게 한다는 점에서도 성공적이다.

15 Hannah Arendt, *Vita Activa*, S. 194. [*The Human Condition*, University of Chicago Press, 1958. / 한나 아렌트, 『인간의 조건』, 이진우 옮김, 한길사, 1996/2017년.]

혐오사회

증오는 어떻게 전염되고 확산되는가

초판 1쇄 발행 2017년 7월 18일
초판 12쇄 발행 2023년 8월 4일

지은이 카롤린 엠케
옮긴이 정지인
펴낸이 김선식

경영총괄 김은영
콘텐츠사업4팀장 임소연 **콘텐츠사업4팀** 황정민, 박윤아, 옥다애, 백지윤
편집관리팀 조세현, 백설희 **저작권팀** 한승빈, 이슬, 윤제희
마케팅본부장 권장규 **마케팅1팀** 최혜령, 오서영
미디어홍보본부장 정명찬 **영상디자인파트** 송현석, 박장미, 김은지, 이소영
브랜드관리팀 안지혜, 오수미, 문유정, 이예주 **지식교양팀** 이수인, 염아라, 김혜원, 석찬미, 백지은
크리에이티브팀 임유나, 박지수, 변승주, 장세진, 김화정 **뉴미디어팀** 김민정, 이지은, 홍수경, 서가을
재무관리팀 하미선, 윤이경, 김재경, 이보람
인사총무팀 강미숙, 김혜진, 지석배, 박예찬, 황종원
제작관리팀 이소현, 최완규, 이자우, 김소영, 김진경, 양지환
물류관리팀 김형기, 김선진, 한유현, 전태환, 전태연, 양문현, 최창우

펴낸곳 다산북스 **출판등록** 2005년 12월 23일 제313-2005-00277호
주소 경기도 파주시 회동길 490 다산북스 파주사옥 3층
전화 02-702-1724 **팩스** 02-703-2219 **이메일** dasanbooks@dasanbooks.com
홈페이지 www.dasanbooks.com **블로그** blog.naver.com/dasan_books
종이 한솔피앤에스 **인쇄** 민언프린텍 **제본** 정문바인텍 **후가공** 평창P&G

ISBN 979-11-306-1351-2 (03300)

다산북스(DASANBOOKS)는 독자 여러분의 책에 관한 아이디어와 원고 투고를 기쁜 마음으로 기다리고 있습니다.
책 출간을 원하는 아이디어가 있으신 분은 다산북스 홈페이지 '투고원고'란으로 간단한 개요와 취지, 연락처 등을
보내주세요. 머뭇거리지 말고 문을 두드리세요.